权威·前沿·原创

皮书系列为

“十二五”“十三五”国家重点图书出版规划项目

BLUE BOOK

智库成果出版与传播平台

水利风景区蓝皮书

BLUE BOOK OF
WATER PARK

中国水利风景区发展报告（2019）

DEVELOPMENT REPORT OF WATER PARK IN CHINA
(2019)

主　编／董　青　兰思仁
副主编／谢祥财　汤勇生　陈吉虎　李灵军

社会科学文献出版社
SOCIAL SCIENCES ACADEMIC PRESS (CHINA)

图书在版编目（CIP）数据

中国水利风景区发展报告．2019／董青，兰思仁主编．-- 北京：社会科学文献出版社，2020.1
（水利风景区蓝皮书）
ISBN 978-7-5201-5925-8

Ⅰ.①中… Ⅱ.①董… ②兰… Ⅲ.①水利建设-风景区-研究报告-中国-2019 Ⅳ.①K928.4

中国版本图书馆CIP数据核字（2020）第004681号

水利风景区蓝皮书
中国水利风景区发展报告（2019）

主　　编／董　青　兰思仁
副 主 编／谢祥财　汤勇生　陈吉虎　李灵军

出 版 人／谢寿光
组稿编辑／赵慧英
责任编辑／赵慧英

出　　版／社会科学文献出版社·政法传媒分社（010）59367156
地址：北京市北三环中路甲29号院华龙大厦　邮编：100029
网址：www.ssap.com.cn
发　　行／市场营销中心（010）59367081　59367083
印　　装／三河市东方印刷有限公司

规　　格／开　本：787mm×1092mm　1/16
印　张：14.25　字　数：210千字
版　　次／2020年1月第1版　2020年1月第1次印刷
书　　号／ISBN 978-7-5201-5925-8
定　　价／118.00元

本书如有印装质量问题，请与读者服务中心（010-59367028）联系

《中国水利风景区发展报告（2019）》
编　委　会

主　　编　董　青　兰思仁

副 主 编　谢祥财　汤勇生　陈吉虎　李灵军

编写人员　王　凯　赵　敏　曾宜富　温乐平　陈　菁
司保江　李　琛　刘　敏　陈庚寅　刘　洋
田玉龙　张　蕾　连泽俭　于小迪　韩凌杰
廖梦均　王欣苗　苏争荣

前　言

《中国水利风景区发展报告（2019）》是以科研院校专家学者为主体的第三方研究团队，综合分析我国水利风景区发展动态，客观反映水利风景区改革发展成果，系统阐述水利风景区发展中一系列重要问题并从理论上开展探索创新的综合研究报告。《中国水利风景区发展报告》力求多角度、多层面总结行业发展情况，反映新特点，分析新问题，探讨新趋势，提出对策与建议，对促进水利风景区全面、协调、可持续发展具有重要的理论指导与实践意义。《中国水利风景区发展报告》前四期的出版发行在社会公众中产生了积极影响，已经成为社会了解中国水利风景区建设与发展的重要载体、行业工作人员开展工作的权威依据、党委政府开展决策的重要参考。

《中国水利风景区发展报告（2019）》的编写思路和框架结构与《中国水利风景区发展报告（2018）》总体保持一致，由总报告、专题报告、省（市）域发展报告、景区发展报告和附录五个部分共十六章构成。总报告部分系统总结了2018年国家、省域（省级）水利风景区的发展现状与基本特征，分析归纳了2018年水利风景区的发展成效与基本经验，阐述了水利风景区面临的宏观形势与发展机遇，分析了新形势下水利风景区的发展趋势与前景展望，提出了水利风景区发展的对策措施与政策建议。专题报告部分围绕乡村振兴战略背景下水利风景区的发展与建设、涉水风景区旅游安全风险特征与机制、新时代推进全国水利风景区的规划及其管理、河湖长制与水利风景区等专题进行了研究。省（市）域发展报告部分对内蒙古巴彦淖尔市、重庆市、陕西省西安市等市域水利风景区发展进行了系统叙述。景区报告部分对安徽宿州新汴河水利风景区、江西庐山西海水利风景区、广西桂林灵渠水利风景区等进行了实证分析。附录部分为国家水利风景区分省份统计数据。

《中国水利风景区发展报告（2019）》编写工作历时约一年时间。为了使报告能够实事求是地反映和分析水利风景区发展状况，研究团队于2018年初成立了编写组、技术咨询组和编审组三个工作组，在大量的实地调研、数据收集的基础上，书稿历经“三研三编三改三审”，即写作大纲、报告初稿、专题报告三次研讨，书稿第一稿、第二稿、第三稿三轮编撰、修改，通过技术咨询组会审、主编统审、出版社编审三次审稿，才得以成稿。这其中的每一个过程都是交流碰撞、递进升华的过程，也是诸位专家倾注心血、真诚奉献的过程。李晓华、董青、兰思仁、谢祥财、汤勇生、陈吉虎、李灵军共同制定了书稿写作思路与框架结构，谢祥财、田玉龙、陈庚寅、汤勇生对本书稿做了统稿修改，总报告部分由司保江、赵敏、谢祥财、王凯、曾宜富、张蕾、刘洋等共同完成编写，陈菁、李琛、温乐平、王凯、谢朝武、苏争荣、李灵军、于小迪、连泽俭、韩凌杰、廖梦均、王欣苗等同时参加了本书其他部分的编写工作。

《中国水利风景区发展报告（2019）》成稿出版，是众多专家辛勤劳动和智慧的结晶，是水利行业老领导持续关心、支持与指导的结果，是基层水行政主管部门及水利风景区管理单位的同志们共同努力的成果。编写过程中得到了水利部领导及专家、基层党委、政府部门和水利风景区各级管理单位的关注、关心和帮助。水利部、水利部综合事业局领导及相关专家、专业人员为本书编辑提出了一系列指导意见和要求，水利部水利风景区建设与管理领导小组办公室对本书的编写与出版提出了许多珍贵意见和建议。编写过程中还得到了重庆市、陕西省、安徽省、江西省、广西壮族自治区、内蒙古自治区等省市水利风景区管理部门和安徽宿州新汴河水利风景区、江西庐山西海水利风景区、广西桂林灵渠水利风景区等景区管理单位的鼎力支持与协助。社会科学文献出版社政法传媒分社王绯社长、赵慧英编辑对本书的出版给予了许多指导，付出了许多辛勤劳动。对此，一并表示诚挚感谢。由于时间和调研等方面的局限，本书难免存在不足和问题，诚恳希望社会各界同人多提宝贵意见与建议，我们将在以后的相关工作中认真吸收和改进。

《中国水利风景区发展报告》编写委员会

2019年5月

摘　要

《中国水利风景区发展报告（2019）》由总报告、专题报告、省（市）域发展报告、景区发展报告和附录五个部分共十六章组成。

2018 年是改革之年，根据党的十九大关于深化机构改革决策部署，水利部职责得到了优化，为此，总报告对新时期水利风景区的功能定位、发展方向等进行了分析与阐述。总报告对 2018 年国家、省域（省级）水利风景区发展现状与发展特征进行了总结概述，对水利风景区发展成效、存在问题、宏观形势与发展机遇进行了分析与总结，对水利风景区发展趋势进行了预测与前景展望，并针对存在问题提出了具体的对策措施与政策建议。2018 年全国新增 46 个国家水利风景区，全国国家水利风景区达到 878 个，达到省级质量的水利风景区 2000 多家，呈现“突出绿色发展、强调民生服务功能、注重文化内涵提升”等发展特征，水利风景区在我国经济社会发展中的综合效益日趋显现。在此供给侧结构性改革的深化之年，各省（区、市）及流域机构依托水工程，充分结合维护水工程、保护水资源、改善水环境、修复水生态、弘扬水文化、发展水经济等多层次多方面的需要，积极推动省级水利风景区建设发展。

专题报告部分围绕乡村振兴战略背景下水利风景区的发展与建设、涉水风景区旅游安全风险特征与机制、新时代推进全国水利风景区的规划及其管理、河湖长制与水利风景区等专题进行了研究。报告论述了实施乡村振兴战略的重大意义，提出了乡村战略背景下水利风景区的战略定位和发展举措；分析了全国涉水景区安全的基本形势，论述了涉水风景区安全的风险结构，总结了涉水风景区安全管理启示；基于对河湖长制和水利风景区建设的论述，进一步阐述了河湖长制与水利风景区之间相互促进的密切关系。

省（市）域发展报告中针对巴彦淖尔市域、重庆市域、西安市域水利风景区发展做了系统研究。报告对巴彦淖尔市域水利风景建设管理创新实践情况进行了总结与探讨。分别对重庆市及西安市水利风景区的基础与现状做了描述，对其发展成效与问题做了总结，对发展形势做了分析，针对存在的问题提出了对策与建议。

景区报告对安徽宿州新汴河水利风景区、江西庐山西海水利风景区、广西桂林灵渠水利风景区、湖北兴山高岚河水利风景区进行了实证分析，从具体案例上反映了 2018 年水利风景区发展的现状、特征、问题与成效等。

附录部分为国家水利风景区分省份统计。

Abstract

The Development Report of China Water Park (2019) is divided into five parts: general report, special reports, provincial (municipal) development report, scenic spot report and appendix, consisting of a total ofsixteen chapters.

2018 was the year of reform. In accordance with the decision and deployment of the 19th National Congress of the CPC on deepening the institutional reform, the duties of the Ministry of Water Resources was optimized. Therefore, the overall report analyzes and elaborates the functional positioning, development direction, etc. of the water conservancy scenic spots in the new era. The overall report presents an summary and overview of the development status and development characteristics of national and provincial (provincial level) water conservancy scenic spots in 2018; analyzes and summarizes the development results, existing problems, macro situation and development opportunities of water conservancy scenic areas; predicts and forecasts the prospect of development tendency of water conservancy scenic spots; and proposes specific countermeasures and policy suggestions on the existing problems. In 2018, 46 national water conservancy scenic spots were increased nationwide, and the total number of national water conservancy scenic spots throughout the country reached 878, equivalent to over 2000 provincial quality water conservancy scenic spots. The water conservancy scenic spots showed the development characteristics of "highlighting green development, emphasizing people's livelihood service function, and focusing on enhancement of cultural connotation", and the comprehensive benefits of water conservancy scenic spots were increasingly prominent in China's economic and social development. In the year of deepening the supply-side structural reform, all provincial (regional and municipal) and river-basin organizations actively promoted the development and construction of provincial water conservancy scenic spots by relying on the water engineering, and in full combination with "multi-level and multi-aspect demands in maintaining water engineering, protecting water resources, improving water environment, restoring water ecology, carrying forward water culture, and developing water economy".

The special report carries out research by focusing on the development and construction of water conservancy scenic spots under the background of the rural revitalization strategy, tourism safety risk characteristics and mechanisms of water-involved scenic spots, advancing the planning and management of nationwide water conservancy scenic spots at the new era, the river and lake chief system and water conservancy scenic spots, and other special topics. The report discusses the great significance of implementation of rural revitalization strategy, and proposes the strategic positioning and development measures of water conservancy scenic spots under the background of rural strategy; analyzes the basic situation of safety of nationwide water-involved scenic area, discusses the risk structure of water-involved scenic area, and summarizes the safety management enlightenments of water-involved scenic spots; analyzes the development status of health and recreation industry of water conservancy scenic spots under the background of new era, and proposes the countermeasures and suggestions on the development of water conservancy scenic spots under the background of "Healthy China Initiative" based on the analysis of some cases; elaborates the social background of planning and management of nationwide water conservancy scenic spots, further elaborates the close relation of mutual promotion between the river and lake chief system and water conservancy scenic spots based on the discussion on the river and lake chief system and water conservancy scenic spot construction.

The provincial (municipal) development report makes a systematic research on the development of water conservancy scenic spots in Bayan Nur City, Chongqing City and Xi'an City. The report summarizes and discusses the innovative practice in construction management of water conservancy scenic spots in Bayan Nur City; describes the basis and status of water conservancy scenic spots in Chongqing City and Xi'an City respectively, summarizes the development results and problems of water conservancy scenic spots, analyzes the development situation, and proposes countermeasures and suggestions on the existing problems.

The scenic spot report conducts empirical analysis of Anhui Suzhou Xinbian River Water Conservancy Scenic Spot, Jiangxi Lushan Xihai Water Conservancy Scenic Spot, Guangxi Guilin Ling Canal Water Conservancy Scenic Spot, and other scenic spots, and reflects the status, characteristics, problems and results, etc. of the development of water conservancy scenic spots in 2018 from specific cases.

The appendix shows the statistics of national water conservancy scenic spots by provinces, and the speeches of related leaders in 2018.

目 录

Ⅰ 总报告

Ⅱ 专题报告

Ⅲ 省（市）域发展报告

Ⅳ　景区发展报告

Ⅴ　附录

皮书数据库阅读使用指南

CONTENTS

Ⅰ General Reports

Ⅱ Special Reports

Ⅲ Provincial and Municipal Development Report

Ⅳ Case Studies

Ⅴ Appendix

总 报 告

General Reports

B.1 发展现状与基本特征

司保江 张蕾 刘洋*

摘 要： 2018年全国成功申报获批的国家水利风景区有46个，其中城市河湖型20个、水库型11个、自然河湖型13个、水土保持型1个、灌区型1个。总体来看，2018年国家水利风景区呈现出功能定位科学化、景区建设规范化、生态保护制度化、景区运行智能化、特色主题差异化等特点。

关键词： 水利风景区 水生态 水文化

* 司保江，华北水利水电大学大数据与智能服务研究中心副主任；张蕾，水利部综合事业局经济师；刘洋，温州大学教授。

一　国家水利风景区发展现状

党的十九大报告明确指出，“中国特色社会主义进入新时代，我国社会主要矛盾已经转化为人民日益增长的美好生活需要和不平衡不充分的发展之间的矛盾”。人们对物质文化的需求达到了更高的层次，对环境保护、生态安全、文化科普等方面的要求也日益提升。

随着国家生态文明战略和美丽中国战略的推进，实现习近平总书记“两山理论”，坚持绿水青山与金山银山的有机统一已成为全社会的共识。2018 年 5 月，习近平总书记在全国生态环境保护大会上的重要讲话，彰显了习近平生态文明思想的丰富内涵，进一步勾勒和描绘了美丽中国的宏伟蓝图。我们已经进入生态文明时代，水利风景区建设已担负起生态文明建设的重要任务。

坚持规划先行，做好顶层设计。2018 年，全国各地积极推进《全国水利风景区建设发展规划（2017 ~ 2025 年）》的实施，各地按照《规划》确定的目标内容和任务要求，明确责任分工，细化工作方案，结合水利工程建设和改造，加快补齐基础配套设施短板，建设水科普、水文化服务设施，景区内涵品质得到新提升，为社会提供了更多优质生态产品，创建水利风景区的工作正在逐步深入。

持续深入细化，制定地方标准。江苏省水利厅开展了《江苏省水利风景区发展规划》研究，构建了《江苏省重点水利风景资源数据库》，形成了《江苏省水利风景区建设重点项目库》，基本完成《江苏省水利风景区评价规范》地方标准，编制了全国首个省域水利风景区发展报告——《江苏省水利风景区发展报告》。浙江省委、省政府部署大湾区、大花园、大通道、大都市区建设，美丽河湖建设被写进了省政府工作报告，以补齐防洪薄弱短板、加强生态保护修复、彰显河流人文历史、提升便民景观品位、提高河流管护水平为主要抓手，为浙江的河湖图景增添更高水平的安全底色、更高质量的生态本色、更高层次的景观亮色、更高标准的智慧成色。2018 年 6 月 1

日起施行的《江西省湖泊保护条例》明确规定："湖泊保护实行湖长制。湖长负责对湖泊保护工作进行督导和协调，督促或者建议政府及有关部门履行法定职责，协调解决湖泊水资源保护、水域岸线管理、水污染防治、水环境改善、水生态修复等工作中的重大问题。"2018年8月1日起实施的《四川省河湖公园评价规范》，规定了四川省河湖公园的术语和定义、功能、基本条件、评价内容及评价方法，作为四川省河湖公园保护、利用、建设和管理的依据，并选取了凉山州邛海—安宁河、广元市青川县青竹江等8个生态环境较好、水质较优的水利风景区启动河湖公园建设试点，这也是全国首部省级河湖公园地方标准。

做好统筹兼顾，发挥综合效益。2018年，各地充分利用山水自然资源和文化资源，结合中央加强生态文明建设、促进绿色发展、建设美丽中国、实施乡村振兴等重大部署，把握新时代水利风景区深化发展带来的新的历史机遇，加快转变观念，提高履职能力，拓宽水利服务领域；遵循保护水资源、改善水环境、修复水生态、保障水安全、弘扬水文化、发展水经济的宗旨，以山为形，以水为脉，以林为貌，以田为基，以湖为镜，以草为茵，统筹六大元素的有机融合，科学规划山、水、林、田、湖、草生态系统；在建设中以水文景观做基础，以地域景观为特色，以工程景观做保障，以人文景观为灵魂，促进四大景观的相互融合；变传统水利为生态水利、民生水利、景观水利，坚定不移地贯彻落实新时代水利精神和治水工作方针，贯彻"水利工程补短板，水利行业强监管"工作总基调，结合水利风景区建设发展实际需要，监督管理全面推进，努力提升景区的整体风貌，实现景区的综合治理。国家水利风景区定位更加明确清晰，水利风景区品牌形象更加凸显。

长期持续发力，建设成效显著。2018年水利风景区建设管理工作的成果充分体现了生态兴则文明兴、生态衰则文明衰的深邃历史观，人与自然和谐共生的科学自然观，绿水青山就是金山银山的绿色发展观，良好生态环境是最普惠的民生福祉的基本民生观，山、水、林、田、湖、草是生态共同体的整体系统观，用最严格制度保护生态环境的严密法治观，共谋全球生态文明建设之路的共赢全球观。进入社会主义新时代，水利风景区以习近平生态文明思想为指导，已经成为全社会建设美丽中国的重要组成部分。

（一）景区数量稳步增长

截至2018年底，全国已有国家水利风景区878家，达到省级质量水平的水利风景区2000多家，广泛分布于全国31个省（自治区、直辖市）的主要江河湖库、灌区和水土流失重点防治区。水利风景区呈现出良好的发展态势，彰显了水利建设综合效益。全国各地结合河长制的推行，河流湖泊保护及工程运行管理和维护，不断加强水利风景区内的环境治理和生态保护，进行生态环境整治，对生态文明与美丽中国建设做出了积极的贡献。2018年新增国家水利风景区46个，覆盖了20个省、自治区（见表1）。2001～2018年新增国家水利风景区数量见表2。

表1　2018年新增国家水利风景区名称一览

序号	流域/省(区、市)	新增水利风景区名称
1	河北	张家口清水河水利风景区
2	山西	运城亳清河水利风景区
3		长治后湾水库水利风景区
4	内蒙古	乌兰浩特洮儿河水利风景区
5		巴彦淖尔乌加河水利风景区
6	辽宁	抚顺浑河城区水利风景区
7		兴隆台辽河鼎翔水利风景区
8	吉林	吉林新安水库水利风景区
9		长春双阳湖水利风景区
10	江苏	常州青龙潭水利风景区
11		泰州千垛水利风景区
12		徐州大沙河水利风景区
13	浙江	金华浙中大峡谷水利风景区
14		衢州马金溪水利风景区
15		嘉兴鱼鳞海塘水利风景区
16	安徽	铜陵天井湖水利风景区

续表

序号	流域/省(区、市)	新增水利风景区名称
17	福建	宁德西浦水利风景区
18		宁德霍童水利风景区(霍童洞天)
19		泉州龙门湖水利风景区
20	江西	宜春恒晖大农业水利风景区
21		抚州大觉山水利风景区
22		吉安峡江水利枢纽水利风景区
23	山东	德州大清河水利风景区
24		临沂沂沭河水利风景区
25	河南	济源沁龙峡水利风景区
26		许昌鹤鸣湖水利风景区
27		郑州龙湖水利风景区
28	湖北	潜江田关岛水利风景区
29		宜昌高岚河水利风景区
30		十堰太和梅花谷水利风景区
31	湖南	株洲湘江风光带水利风景区
32		永州金洞白水河水利风景区
33	广东	佛山乐从水利风景区
34	四川	凉山安宁湖水利风景区
35		广安天意谷水利风景区
36		巴中柳津湖水利风景区
37	贵州	铜仁白岩河水利风景区
38		遵义茅台渡水利风景区
39		黔南州雍江水利风景区
40	云南	丽江鲤鱼河水利风景区
41		楚雄蜻蛉湖水利风景区
42		楚雄青山湖水利风景区
43	陕西	安康任河水利风景区
44		西安曲江池·大唐芙蓉园水利风景区
45		西安护城河水利风景区
46	新疆	喀什吐曼河水利风景区

资料来源：水利部文件，水综合〔2018〕302号《水利部关于公布第十八批国家水利风景区的通知》。

（二）河湖型景区迅速增加

长期以来，水利风景区的建设主要基于已建工程，结合河湖水域及其岸

表 2　2001～2018 年新增国家水利风景区数量一览

单位：个

批次	年份	数量	批次	年份	数量
1	2001	18	10	2010	53
2	2002	37	11	2011	52
3	2003	30	12	2012	43
4	2004	54	13	2013	70
5	2005	53	14	2014	70
6	2006	42	15	2015	61
7	2007	38	16	2016	59
8	2008	42	17	2017	54
9	2009	56	18	2018	46
合计	878				

资料来源：水利部文件历年公布的景区名单。

线工程利用、水利工程设施的管理和养护，重点实施绿化、美化和亮化，配置完善必要的文化、游览等服务设施，水利投入占绝对比例，并有明确的水管单位管理。在 2018 年新增的 46 个国家水利风景区中，城市河湖型有 20 个，水库型有 11 个，自然河湖型有 13 个，水土保持型有 1 个，灌区型有 1 个（见图 1）。

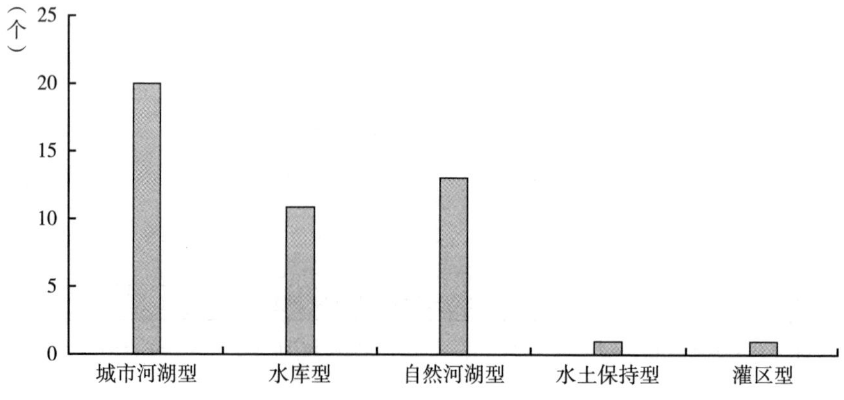

图 1　2018 年新增国家水利风景区的类型分布

截至 2018 年底，在全国 878 个国家水利风景区中，水库型水利风景区达到 373 个，占总量的 42.48%；城市河湖型水利风景区共有 195 个，占总量的 22.20%；自然河湖型水利风景区共有 195 个，占总量的 22.20%；湿地型水利风景区共有 47 个，占总量的 5.35%；水土保持型水利风景区共有 37 个，占总量的 4.21%；灌区型水利风景区共有 31 个，占总量的 3.53%（见图 2）。

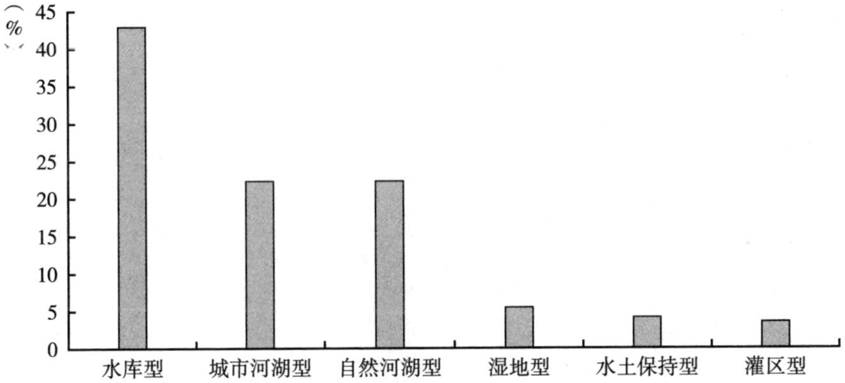

图 2　国家水利风景区的类型分布（截至 2018 年底）

不同的景区类型具有不同的资源特点，从各类型景区的数量上看，水土保持型和灌区型水利风景区总体数量偏少，主要原因是这两类水利风景区整体风景资源禀赋较弱且多处于交通、经济不发达地区。这在一定程度上反映了水利风景区以河湖为主体的特点。在各类景区的规划和建设中，应根据不同类型景区的不同情况，坚持保护优先、保护与开发并重的原则，因地制宜，因水制宜，实事求是，尊重客观规律，努力营造不同类型水利风景区的建设特色。对公益型水利风景区，应由政府成立管理委员会，负责景区规划、建设、管理。对经营性为主的水利风景区，应实行市场运作，由投资者在政府监督下开发管理。对兼具经济与社会效益的水利风景区，应由政府成立管理机构或外包给专业公司运营开发。

（三）空间布局趋于稳定

截至 2018 年全国共有 878 家国家水利风景区，具体空间布局如表 3、图 3 所示。

表 3　国家水利风景区空间分布情况（截至 2018 年底）

单位：个

主管机构	新增数	累计数	主管机构	新增数	累计数
水利部	—	2	江西省水利厅	3	44
长江水利委员会	—	3	山东省水利厅	2	94
黄河水利委员会	—	22	河南省水利厅	3	43
淮河水利委员会	—	3	湖北省水利厅	3	25
海河水利委员会	—	2	湖南省水利厅	2	42
松辽水利委员会	—	2	广东省水利厅	1	14
太湖流域管理局	—	1	广西壮族自治区水利厅	—	13
北京市水务局	—	3	海南省水利厅	—	5
天津市水务局	—	2	重庆市水利局	—	15
河北省水利厅	1	22	四川省水利厅	3	42
山西省水利厅	2	19	贵州省水利厅	3	34
内蒙古自治区水利厅	2	29	云南省水利厅	3	23
辽宁省水利厅	2	12	西藏自治区水利厅	—	3
吉林省水利厅	2	30	陕西省水利厅	3	41
黑龙江省水利厅	—	31	甘肃省水利厅	—	28
上海市水务局	—	4	青海省水利厅	—	13
江苏省水利厅	3	61	宁夏回族自治区水利厅	—	12
浙江省水利厅	3	36	新疆维吾尔自治区水利厅	1	13
安徽省水利厅	1	43	新疆生产建设兵团水利局	—	10
福建省水利厅	3	37	合计	46	878

现有国家水利风景区的空间布局，从东到西基本呈现三个明显的梯队：山东、江苏、江西、河南、安徽、湖南、四川、陕西处于第一梯队，拥有景区数量超过 40 家；福建、浙江、贵州、黑龙江、吉林、内蒙古、甘肃、湖北、云南、河北处于第二梯队，拥有景区数在 20 ~ 40 家之间。山西、重庆、广东、青海、广西、新疆、宁夏、辽宁、新疆生产建设兵团、海南、上海、北京、西藏、天津处于第三阶梯，国家水利风景区不足 20 家。

截至 2018 年底，东部地区国家水利风景区数量达到 294 个，占总量的 33.49%；中部地区有 233 个，占总量的 26.54%；西部地区有 277 个，占总量的 31.55%；东北地区 74 个，占总量的 8.43%（见表 4）。

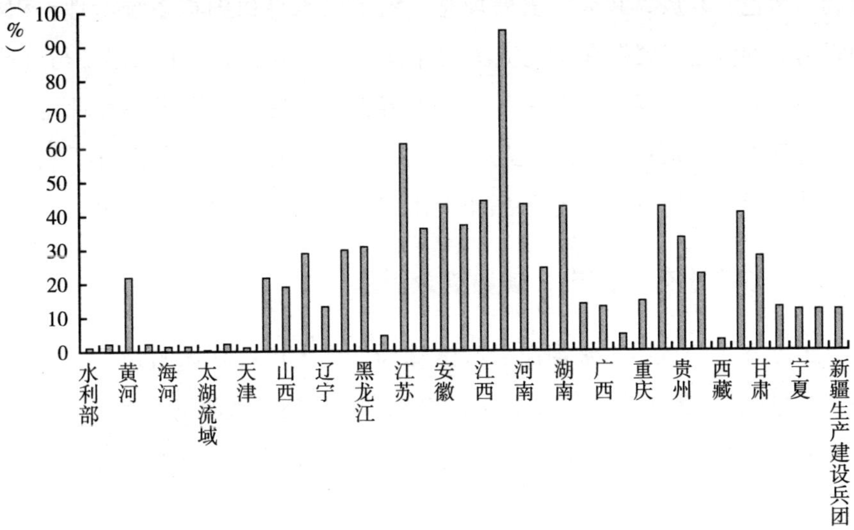

图3　国家水利风景区的区域分布（截至2018年底）

表4　2018年新增国家水利风景区经济区域分布情况

经济区域	包含省、区、市（含流域机构）	新增国家水利风景区		国家水利风景区总量	
		数量（个）	比重（%）	数量（个）	比重（%）
东北（3个）	辽宁、吉林、黑龙江	4	8.70	74	8.43
东部（10个）	北京、天津、河北、江苏、浙江、上海、福建、山东、广东、海南	13	28.26	294	33.49
中部（6个）	山西、安徽、江西、河南、湖北、湖南	14	30.43	233	26.54
西部（12个）	四川、重庆、贵州、西藏、陕西、甘肃、青海、宁夏、内蒙古、广西、云南、新疆	15	32.61	277	31.55
总　计		46	100	878	100

二　2018年全国水利风景区发展特征

水利风景区的建设发展已成为地方政府推进生态文明建设，放大改革红利，增强群众幸福感、认同感的有力措施。全国各地水利部门秉承“创新、协调、绿色、开放、共享”发展理念，统筹山水林田湖草系统治理，积极探索河流湖泊自然资源和文化资源的保护利用，结合水利工程建设与改造，在全国主要江河湖库、重大灌区、水土流失治理区，建设了一大批特色鲜明、类型丰富的水利风景区，为广大人民群众休闲娱乐、观光旅游、科普教育、文化活动等提供了清新灵秀的休闲场所和赏心悦目的观赏空间。

（一）生态效益突出、满足群众需求

2018 年，全国各级水利风景区继续为广大人民群众休闲娱乐、体育健身、观光旅游、科普教育、文化活动等提供了清新灵秀的场所空间，建成了一大批群众点赞的水利风景区群落，提供了更多优质生态产品，提升了水利建设综合效益。

河南红旗渠、江苏天目湖、陕西汉城湖、浙江东钱湖等一批国家水利风景区成为当地最为重要的旅游目的地，大多数水利风景区成了当地群众节假日休闲的首选场所。城市河湖型水利风景区已达 195 个，2018 年新增数量位于各类型第一位，成为居民每日清晨傍晚锻炼身体、休闲放松的理想场所。共享美丽河湖、绿水青山，大幅提升了群众的生活幸福指数和获得感。

（二）功能定位准确、管理体系科学

水利风景区建设，旨在涵养水源、维护工程、修复生态、改善环境、弘扬文化、服务大众，提升水利综合效益；追求“河畅、水清、岸绿、景美”，人在景中、鱼翔浅底的美丽景象；强调规划先行，一张蓝图绘到底，全面统筹河湖水域及其岸线综合利用；注重保护，坚持尊重自然、顺应自然、保护自然，以保护定利用，以利用促保护；划定蓝线，明确管理保护范围，推动解决水域岸线确权划界难题；严格水域岸线用途管制，合理划分保护区、控制利用区和可开发利用区，实现岸线资源节约集约利用。

水利风景区以河湖等水利工程为依托（河湖管理与水利风景区建设管理密不可分），全面推行河长制湖长制是河湖管理的制度创新。二者有机结合，可以实现互促互利互补。将水利风景区建设纳入河长制、湖长制管理体

系，顺理成章。顺势而为，通过深入推进河长制湖长制，持续开展河湖清洁行动等专项整治，实现管水治水常态化、长效化，进而带动森林、流域、湿地、农田、城市五大生态系统建设，努力提供更多优质生态产品，开创了一个科学保护利用河湖水域及其岸线的新模式，推动加强河湖管理，维护了河湖健康美丽。

实践表明，加强水利风景区建设与管理，科学利用河湖水域及其岸线，调动了社会方方面面的积极性，政府牵头、水利主导、部门配合、社会参与的工作局面初步形成，水利风景区依托的河湖面貌焕然一新。调查表明，所有的水利风景区全部实现污水达标排放，半数以上水利风景区水质提升1～2级，46.3%的景区水质达到Ⅱ类以上标准，60.6%的景区空气质量达到一级标准。

（三）特色主题鲜明、弘扬文化科普

水利风景区建设，注重建立和完善水科普、水文化设施，深入挖掘水利遗产，突出水利风景区的文化特色，很多景区已成为户外水文化展馆、天然水科普基地、水利遗产展存场。当地水利部门结合景区水科普、水文化服务设施建设，开展节水爱水科普活动，展示水利成就，弘扬水利精神，大力开展水情教育和爱国主义教育，丰富了人民文化生活，提升了群众对我国的水情认知和水文化认同，陶冶了情操，提升了境界，增进了社会和谐。大力推动了水科普、水文化建设，保护水利遗产，传承了水利精神和智慧。

黄河沿岸水利风景区，根据不同河段自然和地域人文特色建设了一批黄河文化博物馆，已成为当地人民倍感骄傲的精神家园。在内蒙古兴安盟洮儿河水利风景区，辽金文化、蒙元文化、朝鲜民俗文化在这里交融，演绎出历史文化和现代文明交相辉映的华美乐章。河南济源沁龙峡水利风景区挖掘愚公移山典故、沁水文化遗迹、治水遗址等人文景观，被评为“河南省水利科普教育基地”和“愚公移山精神教育基地”。江苏省开展了《江苏省水利风景区水文化展示系统研究》，提出了水文化展示系统通用建设方案及6种类型水利风景区差异化建设方案，规范了建设内容、展示形式、建设标准及

场地选择等内容。湖北武汉江滩、安徽新汴河、江苏天目湖等景区以普及水利知识、传承历史文化为重点，开展研学旅游，已经成为远近闻名的水利科普和水情教育基地。

（四）融合生态旅游，推动绿色发展

水利风景区建设，已被纳入《全国生态旅游发展规划（2016～2025）》。《国务院办公厅关于促进全域旅游发展的指导意见》明确要求水利与旅游融合发展。近年来，水利风景区生态旅游，正在让“绿水青山就是金山银山”成为真实写照，成为一些地方调整经济结构、转变发展方式、培育无烟工厂、减少碳排放的最佳选择。各地把水利风景区建设贯穿于水利规划设计、建设管理各个环节，通过实施病险水库加固、水土保持、河道疏浚、水生态修复、水环境治理等项目建设，统筹推进水利风景区发展，形成“水清、岸绿、景美”的人水和谐局面；以自然景观、舒适服务和丰富的感知体验为设计原则，保护和改造景观特色，提高景观的品质和品位，以满足公众对游憩神秘感、新鲜感、亲切感和归属感的期待；梳通水系，改善水质，营造水景，利用水、堤、树、桥、房等景观要素，形成以生态为主题的休闲旅游滨水景观，使之成为老年人怡情养生的福地、中年人休闲娱乐的胜地、青年人享受自然的宝地、小朋友科普教育的乐土；为游客提供吃、住、行、游、购、娱等服务，创造了大量就业机会，带动一批产业发展，壮大了水管单位经济实力，拉动了区域经济，有力推动了扶贫攻坚和乡村振兴，已成为当地旅游热点、水利亮点。

水利风景区是人与自然和谐共生的示范区，群众喜爱的旅游目的地，全域旅游的重要组成部分。湖北省兴山县高岚河水利风景区依托中国500强企业兴发集团，利用现有水利水电设施，大胆赋予景观功能，充分挖掘奇山秀水的风景资源，对高岚河水利风景区进行了深度开发和提档升级。河北省迁安市水利风景区城市河道整治工程通过土地置换、资源整合等方式，达到了工程整治和景观开发的目的。贵州、四川、重庆、云南、广西、福建、湖北、湖南、吉林、陕西等省份，采取不同措施推动水利风景区生态旅游，助

力乡村振兴和脱贫攻坚，实现了自然景观与水利工程结合、水利资源与旅游开发共融、景区开发和周边群众脱贫致富兼顾的共赢局面。

三　发展问题及建议

（一）水利风景区发展问题

水利风景区的建设与发展在国家和区域经济、社会、生态、文化建设中发挥了重要的作用，同时，目前水利风景区的建设与发展也存在一些问题与不足。在充分肯定成绩的同时，我们也要看到，虽然现在已有 878 个国家水利风景区，达到省级标准的水利风景区 2000 多家，但较巨大的资源基础，从满足人民群众美好生活需要来看，仍然不同程度的存在地区发展不平衡、政策支持不到位、水利特色功能不完善、管理机制不健全等问题，亟待加以解决。

1. 地区发展不平衡

经过多年发展，水利风景区数量已形成一定规模。但全国水利风景区在不同地区建设发展不平衡，仍有大量水利风景资源没有得到充分保护和管理。而已获批的水利风景区中部分景区因管理不到位，出现了管理退化、质量下降等问题。

2. 政策支持不到位

部分省份对水利风景资源开发利用的政策支持还不够到位，缺乏从整体层面统筹推进水利风景资源开发利用的措施。一些水管单位领导对水利风景资源开发利用的重要意义认识还不够，甚至出现故意回避管理的现象。

3. 水利特色功能不完善

随着人民生活水平的不断提高，人民群众对享有绿色公共游憩空间的需求不断增长，获取水文化、水科学知识的愿望也更为强烈。一些水利风景区过于注重旅游功能，对水利工程文化和区域特色文化挖掘不够，同质化现象较为严重，忽视了社会、生态、科普等综合服务功能。

4. 管理机制不健全

水利风景区建设与管理机构、人员和经费配备不足，现行的工程规划、设计和建设管理规定缺少对水利风景区规划建设的相应要求，水利风景区与水利工程建设管理工作融合不够，水利风景区规划编制工作亟待加强。地方性水利风景区建设管理相关规章制度还不够健全，水利风景资源保护的责任主体和管理职责尚需进一步明确，资源保护与管理体系有待进一步完善。

（二）水利风景区发展建议

2019 年是新中国成立 70 周年，全面建成小康社会的关键之年。水利风景区工作要按照中央治水方针和水利部党组要求，努力补短板、强监管。

1. 实施精准发力，分析水利风景区工作薄弱环节和短板

各地水利风景区建设发展不平衡不充分问题，既有经济不发达因素，更有理念不更新、思想不重视、思路不开阔、体制不顺畅、机制不灵活、缺少能干领头人等原因。要以习近平新时代中国特色社会主义思想为指针，不断提高认识，统一思想，进一步明确水利风景区工作职责任务。要认真落实水利部党组及工作领导小组要求，做好顶层设计，召开工作现场会、经验交流会、专家帮扶咨询会，举办培训班，加大业务培训、人才培养和经验推广力度。水利部景区办要与各流域机构和省、自治区、直辖市协调，组织专家赴基层开展技术帮扶，按照《全国水利风景区建设发展规划（2017～2025）》，加快建设一批群众身边的水利风景区，重点推进省级水利风景区发展，让人民群众更多更好地共享水利建设和改革发展成果。

2. 提高工作认识，加强水利风景区工作的组织领导和政策支持

各级水行政主管部门要进一步提高认识，加强领导，把水利风景区建设与管理纳入水利重点工作统一部署，对水利风景区建设任务进行分解，纳入年度工作任务统一考核。要明确管理职能，完善组织机构，健全工作机制，逐级建立工作目标责任制，建立部门间的协调合作机制，及时解决在实施过程中出现的重大问题，保证建设任务按期完成。要夯实水利风景区建设的发

展基础，建立稳定可靠的经费保障机制，加强与高等院校和科研院所的联系，搭建技术合作平台，加强人才队伍建设，加大行业培训和人才引进力度，培养和充实优秀的水利风景区基层管理人才。要按照全面推进河长制有关要求，结合本地景区建设工作，编制水利风景资源管理与保护方案，出台考核与扶持办法，从完善管理机构、落实人员编制、保证经费投入等方面，进一步健全水利风景区的管理体制与运行机制。

3. 创新发展，进一步丰富水利风景区文化内涵

创新思路，着重从量的增长转变为质的提高，并重视品牌的创建。要把提升文化内涵贯穿到水利风景区规划、设计、建设与管理的各环节和水利旅游发展的全过程，提升文化软实力，形成具有地方特色的水利风景区发展优势。水利风景区建设要加强对水利工程、水生态环境和自然文化遗产的保护，深挖文化内涵，普及水利科技和水法规知识，特别要充分发挥地方文化资源优势，突出体现水文化特色，开发水文化景观。创新宣传形式，利用各类新媒体，加大水利风景区宣传力度，提升展示水平，鼓励公众参与和加强社会监督，营造良好的水利风景区建设发展环境。

4. 加强形势研判，修订完善水利风景区建设与管理制度

水利风景区有其特定的功能，必须根据新时代水利风景区的主体功能定位，明确发展目标、建设内容和管理要求。要认真调查研究，梳理水利风景区功能，开展水利风景区制度修订工作，修订《水利风景区管理办法》，编制《水利风景区建设规范》，科学安排有关事项，明确水利风景区建设要点内容、应有程序，合理界定事权、责任和义务，推动建立健全体制机制，充分尊重市场的决定作用，激发水利风景区建设内生动力，发挥好各地党委政府的主导作用，努力破解水利风景区建设发展难题，更好地满足水利风景区建设与管理工作实际需要。各地水利风景区管理部门要负起责任大胆探索，积极实践，在实际工作中探索水利风景区建设发展的新方式、新方法、新途径，形成切实可行的模式、经验和路径。

B.2

发展成效与基本经验

赵 敏　谢祥财　于小迪*

摘　要： 2018年是水利风景区发展的新阶段和关键期，截至当年底，全国共批准设立了十八批878个国家水利风景区。实践证明，水利风景区的建设与管理，在全国河湖建设、“两山”理论践行、服务经济社会发展和水文化弘扬等方面，发挥了积极的作用取得了明显的成效；充分体现了科学发展观以及可持续发展治水思路的基本要求，开拓了推动物质文明、政治文明、精神文明、社会文明、生态文明协调发展的重要途径，促进了河湖水域及其岸线资源的科学开发、合理利用和有效保护，实现了生态效益与经济效益、社会效益的有机统一；开拓了新局面，创造了新经验。

关键词： 水利风景区　水生态　水环境

习近平总书记指出，保护江河湖泊，事关人民群众福祉，事关中华民族长远发展。党和国家立足人与自然和谐共生的战略高度，从加快推进生态文明建设的战略需要出发，2016年、2017年分别做出了全面推行河长制、湖长制的战略部署，水利部会同有关部门多措并举，强力贯彻，各级地方党委政府高位推进，狠抓落实，两制工作在全国范围内迅速推行。在此背景下，

---

* 赵敏，河海大学教授，博士生导师；谢祥财，福建农林大学园林学院副教授；于小迪，水利部综合事业局工程师。

各级水行政主管部门和各地水管单位以两制工作为抓手，深入推进水利风景区的建设与管理工作，取得了新的成效，创造了新的经验。

一 发展成效

新中国成立以来，大量的水利工程建设，在促进经济社会发展的同时，也形成了壮丽的水工程，保障了可用的水资源，修复了优美的水生态，打造了宜人的水环境，积淀了丰厚的水文化，为水利风景区的建设与发展奠定了基础。随着时代的发展和社会的进步，水利工程的功能价值、文化内涵发生了根本变化，已从原有的以生存和发展为主的兴利除害、治国兴邦等功能作用，逐步向物质、精神、文化等多个层面融合的功能作用演变，愈发体现出鲜明的时代特征。与此同时，广大人民群众对于物质文化和精神文化的需求在不断提升和增长，在此背景下，社会各界对于水利风景区建设与发展的期盼和要求也日益迫切。因此，加强水利风景区的建设与管理，对于促进水利事业的可持续发展、推进生态文明社会的建设具有十分重要的现实意义。

自2001年正式设立水利风景区以来，其外延持续拓展，规模不断扩大，内涵日渐丰富，品位逐步提升，已逐渐进入从以发展速度为主向以提高质量为主转变的关键期。2018年，新增国家水利风景区46家，其中自然河湖型13个、城市河湖型20个、水库型11个、灌区型1个、水土保持型1个。截至2018年底，全国已有国家水利风景区878家，达到省级标准的水利风景区2000多家，遍布于全国31个省（自治区、直辖市）的主要江河湖库、灌区和水土流失重点治理区，呈现出良好的发展态势。各地水利风景区建设与管理单位以习近平新时代中国特色社会主义思想为指导，牢固树立“绿水青山就是金山银山”的理念，坚持生态优先、绿色发展，积极发挥水利风景区“维护水工程、保护水资源、改善水环境、修复水生态、弘扬水文化、发展水经济”的六大功能，在经济社会发展中的地位逐渐提高、作用日益突出，实现了生态效益与经济效益、社会效益的有机统一。

（一）水利风景区的积极作用

1. 水利风景区成为全国河湖建设的亮点

各地水利风景区建设与管理单位充分认识到“河湖清，则生态兴；生态兴，则经济强”，以全面落实河长制和湖长制为抓手，在水利风景区建设与管理的同时，将使干净、整洁、优美的河湖生态环境成为群众更强烈的诉求和社会更美好的期盼作为河湖建设的主要目标。各地的实践充分说明，通过水利风景区的建设，实施山水林田湖草生命共同体一体化治理，加强对河湖水域岸线空间管控，保护和改善了水生态、水环境，将以往“脏乱差”的河流、湖泊、湿地等恢复健康，使之走向美丽，展现了清水绿岸、鱼翔浅底、生态良好的美好画卷。水利风景区建设既为河湖建设提供了有效的途径，也成为河湖建设中具有特色的亮点。

2. 水利风景区成为“两山”理论践行的着力点

“绿水青山就是金山银山”既充分肯定了生态、环境、资源对水利风景区发展不可替代的重要作用，也为水利风景区发展方式的转变指明了确切路径。各地水利风景区建设与管理单位积极践行“两山”理论，勇于探索，善于实践，创造出水利风景区“生态、环境、资源 +”的多元发展模式，更加自觉地推动景区的绿色发展、低碳发展、循环发展和可持续发展，而不是以牺牲生态环境作为代价去换取短暂的经济增长；既体现了对“绿水青山”的保护机制，又彰显出对“金山银山”的实现机制。实践证明，水利风景区践行“两山”理论，既推进了生态文明体制改革，也解决了地方经济社会发展的不平衡不充分问题，又保障和改善了民生。水利风景区在成为生态文明建设重要载体的同时，也成为践行“两山”理论的着力点。

3. 水利风景区成为服务经济社会发展的热点

时至今日，水利风景区建设从行业拓展到了地方，从水利系统走向了整个社会，业已成为各地推动经济社会发展和提升城市品位的重要抓手。不少地方通过水利风景区建设，有效地促进了精准扶贫、乡村振兴和全域旅游发展。水利风景区在为区域经济发展提供新的增长点的同时，又为人民群众提供了休闲游憩空间，“建一个工程，成一个景区，带一片城乡，富一方百姓”的水利风景区建管发展模式，得到了各级地方政府的高度肯定和积极推广。在当今实施供给侧结构性改革，以及坚决打好“防范化解重大风险、精准脱贫、污染防治”三大攻坚战的背景下，水利风景区成为社会各界拥护和点赞的一个新热点，充分体现出水利行业对经济社会的重大贡献和有效作为。

4. 水利风景区成为水文化弘扬的集聚点

水利风景区通过挖掘水文化内涵、建设水文化景观，集中展现了历代治水智慧和当代治水精神；通过工程纪念馆、水利科普馆、水文化展馆、水文化长廊、宣传栏等，展示了当地水系变迁、治水历史、水利科技、节水知识等内容；通过举办水文化主题活动，吸引了全社会更好地传承和弘扬水文化，让水文化与水利现代化建设、精神文明建设相得益彰。目前，水利风景区以其独特的平台与窗口优势，日渐成为中华水文化弘扬的集聚点。

（二）水利风景区的综合效益

水利风景区在改善人与自然关系和促进经济社会发展等方面起到了十分重要的作用，在生态环境、经济社会和文化科技等方面体现出显著的综合效益。多年来的生动实践表明，水利风景区建设与管理充分体现了可持续发展治水思路的基本要求，积极促进了对水资源的科学开发、合理利用和有效保护，拓展了物质文明、政治文明、精神文明、社会文明和生态文明建设的重要途径，强烈彰显了水利事业对人类文明和社会进步的重要贡献。

1. 保护水资源，优化生态环境

水利风景区的建设与管理突出了人水和谐的基本理念，成为人与自然和谐共生的示范区。在适应人类生存与经济发展对水的合理需求的同时，也满足了维护河湖生态健康的基本需求；在开发利用水域岸线及水利工程的同时，也加强了水资源保护和水环境治理；在注重水利设施等人工景观建设的同时，也强调了河湖自然景观的恢复和利用。因此，水利风景区建设与管理既是水利事业改革与发展所赋予的新领域，也是生态文明社会建设的重要组成部分，日渐彰显出保护了水资源、修复了水生态、改善了水环境、减少了水土流失、美化了城乡环境的基本功能。在水利风景区的建设与管理过程中，基于对水生态景观的修复和水环境保护技术的运用，水利部门适时引入并着力推广了生态旅游的理念，使水利旅游发展越普遍、越深入，接受水资源、水生态、水环境教育的人就越多，广大人民群众亲水、爱水、喜水的愿望就越强，自发节约水资源、保护水生态、改善水环境的意识就越高，越有利于提升全民生态文明的理念。

2. 促进了水旅游，驱动了经济增长

水利风景区的建设与管理形成了独特的水工程景观、优美的水生态环境、灿烂的水文化内涵，是吸引旅游观光者前往水利风景区的重要砝码之一，为科学利用水利资源、大力发展水利旅游奠定了坚实的物质基础。通过对景区工程的除险加固和更新改造，确保了水利工程功能的持续发挥和资产的保值增值；通过提供相应的景区管理和配套服务，拉动了诸多相关产业的发展，既改善了景区属地的产业结构，也为水管单位的经营管理创造了新的经济增长点。水利风景区通过发展水利旅游，为水管单位创造了更多的经济收入、增强了经济实力，不但为深化水管单位改革和实现管养分离提供了发展空间和有效途径，也为提高职工收入、稳定职工待遇提供了经济保障。与此同时，还为当地社会人员提供了大量直接或间接的就业机会，统筹兼顾了景区周边社区居民的利益，促进了社会稳定。就实践效果而言，水利风景区工作尤其是水利旅游工作开展得好的水管单位，其体制改革与经济发展均呈现出良好的态势。

3. 提升了影响力，促进了社会进步

水利风景区的建设与管理在顺应社会发展需求的同时，也满足了广大人民群众追求美好精神生活的需要，赢得了社会各界的普遍理解、充分支持和积极参与。时至今日，水利风景区建设与管理已经从水利行业自身拓展到了整个社会范畴，成为各级地方党委和政府推动当地经济社会发展的一个重要抓手，产生了积极而深远的影响。许多城市通过水利风景区的建设与管理，塑造了亲水景观，改善了人居环境，提升了城市品位，逐步形成了水清岸绿、风景优美、人水和谐的城市新面貌，既达到了综合整治城市水环境的目的，又提高了居民的幸福指数；还有不少县区举全域之力进行水利风景区的建设与管理，并把景区的建设与景区功能的发挥作为当地发展生态旅游的龙头，使水利的经济支撑作用和社会服务功效进一步得到强化，增加了百姓的获得感；与此同时，中央各大新闻媒体每年都对水利风景区工作进行跟踪报道，民政部门连续多年专门组织文艺演出，讴歌山水风光，慰问水利风景区建设与管理工作者。综上所述，水利风景区的建设与管理促进了社会的和谐与稳定，水利部门的辛苦和努力赢得了社会各界的普遍赞誉，水利行业的影响力和社会地位也得到了不断提升。

4. 展现水元素，丰富文化内涵

水利风景区的建设与管理依托水利工程，因此也是一个集中展示水利工程设施、技术和历史等丰富水利文化的载体。水利风景区通过对水文化的塑造与体现，拓展了景区多元立体的文化内涵，进一步提升了水利工程的文化承载力和文化品位。通过水利风景区的建设与管理，积极发挥宣传水利、弘扬文化和科普教育示范基地的作用，将水文化元素形象地展示给社会大众，既加深了人民群众对水利建设的认识，也极大地提升了景区的声誉和形象。人们在体验现代水利科技、享受优美生态环境和陶冶自身品格情操的同时，既能够感受到新时代我国水利事业的巨大成就，也能够了解到中华民族悠久的治水历史，还能够领略到水文化的深刻内涵，从而达到逐步认识水利、加深热爱水利、自发宣传水利的目的，增强广大人民群众加强保护、科学开发和综合利用水资源的良好意识。实践证明，对于打造水文化景观、挖掘水文化内涵、宣传水文化功能和推广水文化价值而言，水利风景区建设无疑是一个不可替代的重要载体和抓手，在丰富水文化内涵和推进水文化发展方面，发挥了十分重要和不可替代的作用。

二　基本经验

（一）坚持规划引领，高位推动

为深入贯彻落实生态文明战略和绿色发展理念，积极践行“绿水青山就是金山银山”的实践要求，全面推进水利风景区建设与管理工作，水利部于2018年初印发了《全国水利风景区建设发展规划（2017～2025年）》（以下简称《发展规划》）。《发展规划》是指导和推进水利风景区在今后一个时期内建设与发展的重要依据与准则，它基于对我国水利风景区建设现状的分析，提出了水利风景区发展的指导思想、功能定位、基本原则，明确了水利风景区发展的思路与目标；阐述了水利风景区建设的总体布局，强调了相应的发展任务和建设内容，安排了相关的项目实施计划；对水利风景区建设的效益及影响进行了科学分析，并提出了有针对性的保障措施。根据《水利部关于进一步做好水利风景区工作的若干意见》（水综合〔2013〕455号）“强化规划引领”的要求，截止到2018年底，全国各省、直辖市、自治区乃至许多市（地、州）、县都编制了水利风景区建设发展规划，并将水利风景区建设发展规划纳入水利发展总体规划，与区域经济社会发展总体规划和其他水利专项规划相衔接。《发展规划》的颁布与实施充分体现出，水利风景区建设与发展是通过推进河流湖泊自然和文化资源的保护与利用，满足广大人民群众追求美好生活需要的愿望，同时将解决水利风景区建设发展不平衡、不充分的问题作为规划实施重点的，这对深化水利和旅游供给侧结构性改革有着极其重要的意义，也是推进水利风景区高质量发展，以及全社会生态文明和美丽中国建设的一项必不可少的重要举措。

（二）以严格申报奠定水利风景区发展基础

依据《发展规划》精神，本着“安全第一、宁缺毋滥”的原则，水利部景区办从切实注重景区管理水平和发展质量的角度出发，对2018年景区申报基本条件，在2017年的基础上又提出了新的要求，为保障水利风景区的质量要求奠定了基础。一是在管理要求方面，在明确景区范围与管理机构的基础上，新增“管理权限清晰”的要求。二是在品质要求方面，突出景区水质等级要求。须符合《水功能区划分标准》及《全国重要江河湖泊水功能区划》要求，水质等级不低于Ⅳ类。三是在能力建设方面，要求具备一定的智能化管理条件。在“智慧水利”的大背景下，推动景区提升智能化管理水平，并要求已建设管理信息系统的景区与全国水利风景区动态监管信息系统实现数据衔接。

（三）以机构改革明确水利风景区发展定位

2018 年，水利部“三定”方案已经党中央、国务院批准印发，明确了水利风景区建设管理职责，这是水利风景区发展历史上的重大突破，机遇与挑战并存。在此形势下，各地抢抓机遇，顺势而为，扎扎实实地推进水利风景区工作再上一个新台阶。水利风景区是对水利工程、水域及其岸线的综合利用，是水利部门以维护河流湖泊健康美丽为原则，为人民群众提供的优质水利生态产品。开展水利风景区建设与管理是水利部门履行对水利设施、水域及其岸线综合利用职责的重要举措，是维护河流健康美丽的重要手段，是落实中央建设生态文明和美丽中国战略部署的生动实践，体现了习近平总书记“绿水青山就是金山银山”的科学论断和新时代水利工作的本职要求。充分认识水利风景区工作的意义是前提，准确把握水利风景区的功能定位是基础，只有这样才能认清水利风景区的发展形势，坚定对水利风景区的发展信念，从而把握新要求，履行新使命，立足美丽河湖建设管理，为河湖健康持续发展提供有力支撑。

（四）以统筹协调优化水利风景区发展布局

各地统筹结合河流湖泊综合治理、中小河流重点治理、水系连通、水土保持生态治理、美丽乡村建设等，改善了河湖水生态环境，营造了滨水文化景观，打造出“一河（湖、库）一景一品一韵”的景象；各地以省级水利风景区为重点，推动建设了一批群众身边的水利风景区，让群众在家门口就能享水清岸绿、具有文化品质的滨水空间。与此同时，各地积极围绕“一带一路”建设、乡村振兴、京津冀协同发展、长江经济带建设、大运河文化带建设等国家重大战略部署，结合流域、区域水利工程和江河湖库风景资源禀赋，全面实施《发展规划》，积极推动长江两岸、黄河沿岸、南水北调工程沿线、大运河沿线、太湖沿岸及珠三角水网地区等重要江河湖库渠沿线的水利风景区建设，系统部署水利风景区发展空间，形成了以点带线、由线到面的水利风景区发展格局，优化了水利风景区体系布局，初步解决了水利风景区发展不平衡不充分的问题，为到 2025 年基本实现“县域有水景、市域有精品”的水利风景区发展目标奠定了坚实的基础。

（五）以多措并举提升水利风景区发展质量

通过不懈努力，各地水行政主管部门和水管单位开拓创新，锐意进取，水利风景区的工作内涵与外延有了新的拓展，水利风景区的品质与成效有了新的提升。各地在高质量发展水利风景区过程中，抓住机遇，因地制宜，取得了不少值得推广的经验。如江苏省以优质高效推动新时代水利风景区发展：第一，找准着力点，推动景区发展提质增效。一是科学布局，加大创建推动力度，促进水利风景区的持续发展；二是明确定位，结合地方经济社会发展、河湖长制样板打造、水利工程管理水平提升和水利文化自信培育，依托河湖、水利枢纽工程重点推动建设一批水利风景区；三是强化指导，组织国家水利风景区创建工作座谈会、现场经验交流会和专题培训等，进一步明确国家水利风景区建设要求。第二，寻求突破点，推动水文化展示繁荣生动。2017 年，该省出台的生态河湖行动计划中强调加强水文化建设，要求彰显淮北豪迈、沿海奔放、江南婉约的区域河湖文化特色。第三，营造闪光点，推动景区宣传别开生面。在省委宣传部和省大运河文化带建设工作领导小组指导下，相关部门发起了寻找大运河江苏记忆跨年活动，充分利用大运河江苏段水利水运发达、文化底蕴丰厚，新媒体传播力强、覆盖面广以及多部门合作推动力强、影响力广的三重优势，在更高平台展示水风景魅力，讲好水故事。下一步，江苏省水利厅将以河长制湖长制建设和大运河文化带建设为契机，努力打造高颜值水利风景区，创新抓好高品位水文化推介宣传工作，为建设生态河湖、美丽中国贡献应有力量。又如，水利部长江水利委员会创新思路，多措并举，持续抓好水利风景区建设与管理工作。一是盘活存量，做足增量，在维持既有水利风景区质量的基础上，积极培育打造新的水利风景区。二是提升现有水利风景区品质和价值，不断丰富景区内涵。三是重视加强合作，强化与地方政府、企业、群众之间的联动，形成责任明确、利益共享的发展格局。四是创新思路，不断赋予景区新的文化元素，提升发展活力。五是结合河长制湖长制平台加强河湖管理，助力水利风景区建设与管理工作。

（六）以融合两制推动水利风景区发展进程

各地根据中共中央办公厅、国务院办公厅印发的《关于全面推行河长制的意见》和《关于在湖泊实施湖长制的指导意见》，注重将水利风景区的建设与管理纳入两制工作内容，加强对水利风景区的分类指导和监督检查，全面落实水利风景区两制管理目标，促进河湖水源涵养能力提升和水质不断优化，凸显各级水行政主管部门和水管单位的协调、指导、监督等作用。如吉林省多年来把水利风景区建设与管理工作纳入全面推行河长制、湖长制工作，作为落实绿色发展理念、加强水生态文明建设的重要举措，水利风景区建设呈现出数量逐年增加、质量稳步提高、内涵不断丰富、影响逐步扩大的良好态势，在不断满足人民日益增长的美好生活环境需要的同时，也促进了吉林经济社会发展。第一，积极探索把水利风景区建设与河长制湖长制有机结合。水利风景区以河湖等水利工程为依托，河湖管理与水利风景区建设管理密不可分。全面推行河长制湖长制是河湖管理的制度创新，二者有机结合，可以实现互促、互利、互补。第二，强化制度创新，将水利风景区建设纳入河长制湖长制考核。在 2018 年出台的《吉林省河长制、湖长制考核评分细则》中，吉林省将水利风景区建设与管理置于“着力开展水生态系统保护和修复”考核项目中，为水利风景区建设发展提供了制度保障。第三，实施河湖连通工程，打造生态保护发展模式，近年来吉林省科学谋划并组织实施了西部河湖连通工程。随着工程的进一步推进，河湖互济、渔兴牧旺、草茂粮丰、碧水蓝天、人水和谐的吉林西部水利风景体系正逐步展现。

（七）以“两山”理论创新水利风景区发展模式

习近平总书记的“绿水青山就是金山银山”理论，从根本上打破了简单把发展和保护对立的思维束缚，指明了实现经济发展和生态保护内在统一、相互促进和协调共生的方法。各地在水利风景区建设与管理实践过程中，积极践行“两山”理论，探索并创新了水利风景区的发展模式。如河南省鄢陵县遵循“绿水青山就是金山银山”的理念，聚焦“四水同治”，结合建设鹤鸣湖国家水利风景区，谋划实施全域水系建设，突出“水安全、水生态、水环境、水景观、水文化”，有力促进了美丽鄢陵建设。鄢陵县的经验：一是科学定位水利风景区功能，推进实施“水在城中”工程，相继建设了引黄及调蓄工程，实现了“百公里引黄”兴水梦，将水利风景区打造成为县域生态经济发展模式新引擎。二是高标准修复生态系统，着力实施“美在水中”工程，将水利风景区建设纳入河长制湖长制管理体系，辐射带动全域水系岸线有效管理，使水生态、水环境得到有效保护。三是高品质打造最美景观，着力实施“人在画中”工程，建成国家花木博览园、花都温泉小镇、五彩大地、建业生态基地等 20 多处特色景区景点，使水文化与养生文化、温泉文化、长寿文化有机融合，释放出强大的生态和社会效应。总之，鹤鸣湖水利风景区建设促进了水生态文明，为全县水系建设注入了新的活力，更加彰显了“美丽花都”的良好生态环境。再如，湖北省兴山县以打造三峡香溪河全流域国家水利风景区为抓手，实施整县推进，打通了“绿水青山”转化为“金山银山”的主通道，确保了一河清水汇长江。兴山县的经验：第一，强化科学治理，建设和谐水生态，将水生态作为水利风景区建设的“本钱”，以压倒性的力度强化生态治理和修复。一是科学治水，推进小水电绿色发展。为了解决大力发展小水电带来的河道脱水、断流等生态问题，该县主动作为，不搞“一刀切”，对全县 84 座小水电站实行“关、转、改”分类处置，促进了小水电产业绿色发展，国际小水电中心将兴山县确定为小水电绿色发展示范基地。二是转变方式，将治理与建设融合，把水生态治理当成水利风景区的前期投资，将水电资源、水生态与水利旅游开发相结合，为水利风景区建设打下了坚实基础。第二，实行整县推进，打通转化主渠道，把水利风景区建设作为打通“绿水青山”向“金山银山”转化的主通道，以打造三峡香溪河全流域国家水利风景区为抓手，以中国500强企业——兴发集团——为实施主体，实行整县推进。目前，全县水利风景区（国家级、省级）已经成为县域经济转型发展的主引擎。第三，推进共建共享，建设幸福新乡村，水利风景区建设已经成为全县乡村振兴和脱贫攻坚的重要抓手，为兴山县实现“产业兴、百姓富、乡村美”发挥着越来越重要的作用。

（八）以文化建设彰显水利风景区发展形象

实践证明，水文化建设在水利风景区建设与管理中越来越得到关注和重视。水文化以水为载体，承载着人与水的联系，水利风景区的重要功能之一就是弘扬水文化，让人们在享受景区优美环境的同时感受到水文化的魅力与熏陶。水利风景区通过对水文化的建设，可以丰富水景观内涵，传播水科普知识，推动水文化传承，弘扬水利精神。水利风景区通过河流湖泊的历史典故、优质精美的水利工程、亲水活动和涉水体验、水利科普和水情教育场馆等水文化建设的表现形式，可全面提升水利工程的社会形象和影响力，不断拓展水利的社会服务功能。如南京外秦淮河水利风景区，是以外秦淮河河道为景观主体，以三汊河河口闸工程景观为代表，由众多历史文化景观构成的。景区借助在临水露台上呈现的“秦淮月”，配以古典歌舞表演的名诗《泊秦淮》和古筝演奏的名曲《春江花月夜》，使登上夜游秦淮画舫的游客仿佛身临其境，深刻体会五彩缤纷的秦淮文化。又如，浦东新区滴水湖国家水利风景区位于上海临港新城，景区内的中国航海博物馆以“航海”为主题，以“博物”为基础进行水文化展示。整个博物馆分为古代、近代、现代三个展区，将浮力渡水、独木舟、木船、帆、桨、橹、舵、指南针等造船和航海技术随时间顺序展开，通过科普的方式让观众更深入了解中国航海技术的发明与演变过程，在参观中深刻领略水文化的丰富内涵。再如，淮安市樱花园国家水利风景区通过新建人工模拟降雨演示、水车滴灌演示等基础设施，向游客宣传环保理念和节水意识。这些基础设施的建设，既丰富了景区内的水景观，又节约了绿化用水量；不仅传播了节水知识，也展示了水生态文明，使风景区成为一个生动直观、功能多样的教育宣传场所。水利风景区的文化建设，不仅体现了水利风景区的形象与特色，也增强了人民群众的地域认同感与文化自豪感。

B.3

宏观形势与发展机遇

谢祥财　李灵军　苏争荣　徐 慧*

摘　要： 十九大后，中国进入全面开启生态文明建设的新时代。在这样一个新的时代背景下，水利风景区建设需要把握宏观形势，找准发展机遇：从国家宏观政策层面看，全面实施乡村振兴战略、实施健康中国战略、深入推进供给侧结构性改革等为水利风景区创造了有利发展环境；从水利改革发展政策层面看，2018 年水利部新“三定”方案出台、新时代水利改革发展总基调的提出等，为今后一个时期水利风景区建设发展明确了定位和方向，提供了强有力的政策依据；从文化和旅游等相关行业政策层面看，全域旅游的深入推进为水利风景区产业融合发展拓宽了空间。

关键词： 水利风景区　水环境　水生态

一　国家层面的宏观形势与发展机遇

（一）全面实施乡村振兴战略

2018 年中央一号文件对实施乡村振兴战略做出了全面部署。2018 年全

* 谢祥财，福建农林大学园林学院副教授；李灵军，水利部景区办规划建设处副处长；苏争荣，国家水利风景区研究中心工程师；徐慧，水利部景区办规划建设处工程师。

国两会期间，习近平总书记在参加山东代表团审议时，对乡村振兴战略做出了更详尽的指示：要推动乡村产业振兴。要发展现代农业。要推动乡村人才振兴。要推动乡村文化振兴。要推动乡村生态振兴。要推动乡村组织振兴。要推动乡村振兴健康有序进行。

水利风景区广泛分布于乡村地区，与乡镇的建设发展有着密切联系。据统计，2016～2018年新增加国家水利风景区159处，其中位于乡村地区、与乡村振兴有着密切联系的景区数量占比达50%左右。近年来，各地正在不断加强推动水利风景区建设与乡村融合发展的顶层设计，如《福建省水利风景区发展规划》提出，合理布局国家水利风景区、省级水利风景区，积极发展市县级水利风景区。在精品景区的建设方面，突出强调水利风景区与特色小镇、美丽乡村建设的有机融合。

实践证明，国家全面实施乡村振兴战略为水利风景区带来了新的发展机遇，水利风景区建设也为乡村振兴发展提供了可借鉴的成功经验。

1. 水利风景区已成为乡村振兴的成功样板

2018年，中共中央、国务院印发《关于实施乡村振兴战略的意见》，对新时期水利工作提出了一系列明确要求，包括统筹山水林田湖草系统治理、加强农村突出环境问题综合治理、增加农业生态产品和服务供给、持续改善农村人居环境等多个方面。实施乡村振兴战略应当把生态建设摆在首位，特别是将水生态保护与修复作为乡镇发展的核心内容进行系统规划实施。近年来，以浙江金华浦阳江、福建霍童洞天等国家水利风景区为代表，各地涌现出一批以乡镇为主体建设的精品水利风景区。这些景区往往结合中小河流治理、农村水环境综合整治等项目实施，在景区建设过程中对乡村地区水生态环境进行系统治理的同时，对河湖岸线及周边区域进行绿化、美化，完善基础服务设施，打造了独具地方特色的美丽田园风光，营造了良好的人居环境，促进了乡村旅游和现代农业的发展，得到了群众的普遍认可，也成为乡村振兴的示范样板。

2. 水利风景区已成为实施乡村振兴的有效途径

乡村旅游是乡村产业振兴的重要组成部分，是实施乡村振兴战略的重要手段。为深入贯彻落实乡村振兴战略，推动乡村旅游提质增效，促进乡村旅游可持续发展，加快形成农业农村发展新动能，文化和旅游部、国家发展改革委等 17 个部门于 2018 年 12 月联合印发《关于促进乡村旅游可持续发展的指导意见》，提出结合乡村山地资源、森林资源、水域资源、地热冰雪资源等，发展森林观光、山地度假、水域休闲、冰雪娱乐、温泉养生等旅游产品。在乡村地区，水利风景区往往以水系为纽带，串联区域内的村落、田园、山林等文化和自然风景资源，通过对河湖水域及其岸线实施综合利用，开发河湖生态旅游产品，有效促进了乡村旅游的多元化发展。近年来，山东沂南县竹泉村、安徽岳西大别山彩虹瀑布、福建永春桃溪、湖北宜昌高岚河等一批精品国家水利风景区已经成为推动当地乡村旅游发展的核心动能。这些景区往往结合美丽乡村同步建设，采取设计改变乡村、艺术修复乡村、文化引领乡村、产业振兴乡村等方法，以景区发展带动乡村聚落的复兴和乡村产业发展，助推现代农业高质量发展，有效带动本地居民就业，也吸引了大量返乡创业人才回流乡村、发展乡村，成为推动乡村振兴的有效途径和重要抓手。

（二）实施健康中国战略

《“健康中国 2030”规划纲要》提出要把健康摆在优先发展的战略地位，立足国情，将促进健康的理念融入公共政策制定实施的全过程，加快形成有利于健康的生活方式、生态环境和经济社会发展模式，实现健康与经济社会良性协调发展。强调以提高环境质量为核心，推进联防联控和流域共治，实行环境质量目标考核，实施最严格的环境保护制度，切实解决影响广大人民群众健康的突出环境问题。实施健康中国战略是满足人民对美好生活需要的重要支撑，有利于促进区域高质量发展，在“健康中国”背景下，水利风景区大有可为。

1. 水利风景区建设为打造“健康中国”提供良好的生态环境基础

水利风景区建设通过调集社会力量，综合整治环境，解决了局部地区的水污染问题，修复了水生态环境，并为人民创造了优质的生态产品。调查表明，截至目前878处国家水利风景区已全部实现污水达标排放，46.3%的景区水质达到Ⅱ类以上标准，60.6%的景区空气质量达到一级标准。水利风景区的建设发展已经成为良好生态环境的有力保障。

2. 康养产业为水利风景区发展提供了新思路、新机遇

为配合《"健康中国2030"规划纲要》的实施，中央于2018年出台了一系列政策，从多个方面鼓励地方开展"康养产业"建设，在未来20年康养产业将迎来重大发展机遇期。水利风景区依托优质的自然资源和良好生态环境，结合人文、历史等文化资源，融合发展康养产业和生态产品体系，打造以优势资源为引领的健康养生项目，必将得到社会的广泛认可和欢迎，也将为水利风景区的发展提供新思路、新机遇。

3. "健康中国"背景下涌现了一批水利风景区与康养产业有机融合的探索实践

近年来，四川绵阳市仙海水利风景区、浙江宁波东钱湖水利风景区、江西九江市庐山西海水利风景区等一批水库型水利风景区，积极探索康养产业融合发展新路子，以最严格的水资源保护为前提，创新发展河湖康养生态旅游产品，已成为省内乃至全国具有较高知名度的高品质休闲度假目的地。在实施健康中国战略背景下，各地结合美丽河湖建设积极探索河湖健康发展的新模式，如：浙江丽水提出综合利用河湖水域及其岸线资源，打造水利风景区康养产品体系，建设"康美河湖公园"的新思路；安徽省金寨梅山康养河湖公园在建设过程中，根据体验经济理念，深化康养旅游开发，探索出水利风景区的康养经济新模式。

（三）深入推进供给侧结构性改革

2018年国务院政府工作报告提出，要坚持以供给侧结构性改革为主线，着力培育壮大新动能，加快优化升级经济结构。要紧紧依靠改革破解经济发展和结构失衡难题，大力发展新兴产业，改造提升传统产业，提高供给体系的质量和效率。

供给侧结构性改革的根本目的是提高供给质量，满足需要，使供给能力

更好地满足人民日益增长的物质文化生活需要。实践证明，通过发展水利风景区，充分利用水利的工程性和水体的润泽性、亲和性，合理推出“爱水、护水、亲水”的鲜活生态产品，能积极引导广大人民群众投入青山绿水的怀抱，回归大自然，热爱大自然，进而推进全域旅游良好发展，提升区域经济效益。

目前，生态文明建设已成为社会发展的新常态，在此背景下发展水利风景区，不仅符合产业演进规律和趋势，符合市场发展需求，而且有利于促进经济转型升级，是推动供给侧结构性改革的重要举措。近年来，水利风景区建设已从水利行业走向了社会，成为各地推动经济社会发展和提升城市品位的重要抓手。不少地方通过水利风景区建设，有效促进了精准扶贫、乡村振兴和全域旅游发展。水利风景区在为区域经济发展提供新增长点的同时，又为人民群众提供了休闲游憩空间。“建一个工程，成一个景区，带一片城乡，富一方百姓”的水利风景区建设发展模式得到了各地政府的高度肯定和积极推广。以陕西汉中市石门、四川西昌邛海、云南宜良九乡明月湖等国家水利风景区为代表，水利风景区建设对优化区域内产业结构、促进资源整合、实现资源优化配置以及不断提高人民生活品质等发挥了越来越重要的作用，已成为推动供给侧结构性改革的先导性战略举措。

二　水利行业层面的形势与发展机遇

（一）水利部“三定”方案

在2018年的机构改革中，中央对水利部新增了“指导水利设施、水域及其岸线的综合利用”的工作职责，要求“维护河湖健康美丽”，并在机关司局“三定”中进一步明确了“指导水利风景区建设管理工作”的内容，水利风景区建设管理已成为新时代水利工作的法定职责。

保护江河湖泊，事关人民群众福祉，事关中华民族长远永续发展。良好的生态环境，是最公平的公共产品，是最普惠的民生福祉。干净、整洁、优美的河湖生态环境已成为群众更强烈的诉求和更美好的期盼。水利风景区作为人与自然和谐共生的示范区，旨在科学保护和综合利用水利设施、水域及其岸线，维护河湖健康美丽，满足人民日益增长的美好生活需要。随着水利风景区功能定位和工作职能的明确，各地按照中央统一部署在机构改革中正逐步落实水利风景区建设管理工作职能，将为水利风景区建设管理工作提供坚实的工作依据和保障，水利风景区进入了全面发展的新阶段。

（二）新时代水利改革发展总基调：水利工程补短板，水利行业强监管

新时代治水的主要矛盾已从人民群众对除水害兴水利的需求与水利工程能力不足之间的矛盾，转化为人民群众对水资源水生态水环境的需求与水利行业监管能力不足之间的矛盾。“水利工程补短板、水利行业强监管”是新时期水利改革发展的总基调，对水利风景区发展提出了新的目标，对水利风景区建设管理工作提出了新要求。

1. 新时代水利改革发展总基调为水利风景区发展提出新目标

实践证明，水利风景区建设是解决人民对水资源水生态水环境的需求与水利行业监管能力不足之间矛盾的重要抓手。河流、湖泊是水利风景区建设的基础性资源要素，维护河湖健康生命、实现河湖功能永续利用是水利风景区发展的主旨目标追求。开展水利风景区建设，加强河湖水域及其岸线管理、保护与综合利用，保护水资源、防治水污染、改善水环境、修复水生态，是水利风景区建设发展的首要任务，也将成为补足河湖管理短板的重要手段。目前，水利风景区建设管理在河湖综合治理及河湖的长效管理方面已经开展了大量实践，未来将在河湖管理中发挥更加重要的作用。

2. 新时代水利改革发展总基调对水利风景区工作提出了新要求

2018 年 10 月，水利部印发《关于推动河长制从“有名”到“有实”的实施意见》明确指出，要实行河湖动态监控，加大河湖管理保护监管力度。水利风景区建设管理工作旨在推动河湖水域及其岸线的管理、保护和综合利用，应当把对河湖资源利用行为的监督管理作为一项重要工作内容。目

前，水利部已建立了“全国水利风景区动态管理服务平台”，逐步实现了动态管理全覆盖，完善了水利风景区监督管理体系，发挥了其日常监管和应急保障作用。同时，各地也正在积极探索将水利风景区的监督管理纳入河长制湖长制工作内容，如吉林省已初步探索出水利风景区建设与河长制、湖长制有机结合的体制框架。为督促各地党委政府尤其是各级河湖长进一步强化责任、强化措施、强化落实，加强水利风景区建设管理监督力度，2018 年吉林省将水利风景区建设管理工作纳入河湖长制年度考核，出台的《吉林省河长制、湖长制考核评分细则》在“着力开展水生态系统保护和修复”考核项目中赋予了水利风景区建设与管理相关工作 10 分的分值（总分值 1000 分），为水利风景区建设发展提供了制度保障。

三　文化和旅游等相关行业的形势与发展机遇

2018 年 3 月，国务院办公厅印发《关于促进全域旅游发展的指导意见》，明确要求水利与旅游融合发展。近年来，水利风景区大力开展生态旅游，让“绿水青山就是金山银山”成为真实写照，成为一些地方调整经济结构、转变发展方式、培育无烟工厂、减少碳排放的最佳选择。水利风景区为游客提供了吃、住、行、游、购、娱等服务，创造了大量就业机会，带动了一批产业发展，壮大了水管单位经济实力，拉动了区域经济，有力推动了脱贫攻坚和乡村振兴，已成为当地旅游热点、水利亮点。例如：贵州、四川、重庆、云南、广西、福建、湖北、湖南、吉林、陕西等省份，采取不同措施推动水利风景区生态旅游，助力了乡村振兴和脱贫攻坚。水利风景区作为人与自然和谐共生的示范区，是群众喜爱的旅游目的地，已成为全域旅游的重要组成部分，迎来了全面发展的历史机遇。

1. 全域旅游发展为水利风景资源保护与利用提供更为有效的实现途径

随着水利风景区建设积极融入全域旅游发展，从传统的单一景点旅游模式走向全流域、全河段的生态旅游发展模式，从单一景区建设向区域生态环境和文化景观建设转变，逐步破除了景区内外的体制壁垒和管理围墙，实行了多规合一、公共服务一体化和旅游监管全覆盖，实现了景区营销与旅游目的地宣传推广的有效结合。全域旅游的进一步推进，将为水利风景资源的保护与利用提供更为有效的实现途径。

2. 水利风景区是创建全域旅游示范区的重要组成部分

经过十几年的发展，全国已建成 878 处国家水利风景区和 2000 多处省级水利风景区，从数量上看已经成为旅游发展的主力军。同时，相当数量的国家水利风景区已经达到 4A 或 5A 级旅游景区标准，并成为创建全域旅游示范区的重要组成部分。例如：江苏天目湖、宁夏沙坡头、河南红旗渠等国家水利风景区，依托水利工程、河湖水域及其岸线，融合山水、人文等风景资源，形成优质的生态旅游产品，成为休闲、度假、旅游的理想场所，并成为带动全域流域发展的核心动能。

B.4

发展趋势与前景展望

王 凯　陈庚寅　连泽俭　兰红梅*

摘　要： 随着党的十八大提出的生态文明理念逐步深入人心，各地河湖长制的落实到位，水利风景区为乡村振兴提供了优美的水环境，在全域旅游中的作用逐步增强，已经成为美丽河湖建设的典范，成为满足人民日益增长的美好生活需要的优质生态产品。同时，水利风景区的建设发展更加重视水源涵养、安全保障、滨水空间生态景观营造和水域岸线综合利用，各地水利风景区品质不断提升，水利特色逐步彰显，景区管理和综合效益日益显著，已经成为向全社会展示水利、宣传水利的重要窗口。

关键词： 水利风景区　水环境　水生态

党的十八大以来，各地党委、政府按照党中央、国务院提出的生态文明和美丽中国建设要求，积极推进依法治水，改善水环境、修复水生态已经成为各级政府工作的重中之重；与此同时，各级政府全面落实河湖长制，确定“责任河湖”，推进“一河一湖一策”，有效地提升了河流湖泊水环境质量。这些措施有效地改善了河湖水质及滨水空间环境，为依托水域与水利工程建设的水利风景区打下了坚实的基础。截至2018年底，国家水利风景区数量达到878处，景区质量明显提高。为满足人们日益增长的美好生活需求，水利风景区做出了应有的贡献。

---

* 王凯，南京市水利局原局长；陈庚寅，中纪委驻水利部纪检组监察局原正局级监察专员；连泽俭，水利部综合事业局工程师；兰红梅，云南大学研究生。

一　水利风景区发展趋势

近年来，扩数量、提品质是水利风景区发展的总基调，水利风景区已经成为美丽河湖建设的典范，成为满足人民日益增长美好生活需要的优质生态产品，水利风景区在全域旅游中的作用逐步增强，水利风景区为乡村振兴提供了优美的水环境。

（一）水利风景区成为美丽河湖建设的典范

河流、湖泊的美丽体现在两个方面，一是水美，水利风景区水域的水质要好；二是水利风景区滨水景观要美，水利风景区要景色秀丽，风景怡人。

水美。随着党的十九大生态文明建设政策的逐步落地，河湖长制的全面落实，由“河湖长制”到“河湖长治”，全国河流湖泊水环境质量普遍提升。水利部从建设生态文明、美丽中国的高度出发，明确提出水利风景区的水质标准为不低于四类，这已在《水利部办公厅关于做好第十八批国家水利风景区申报工作的通知》中得以体现。水利风景区水域的水质，是景区评审专家组现场考察的重点内容，也是景区管理单位日常管理的重点工作，更是国家、省景区办监管的重要项目。四川省绵阳市仙海湖水利风景区建设了景区水质自动监测预警系统，由沿水库周边水域的 11 个水质自动监测点和一个数据信息处理中心组成，实现了对景区水体水质全天候、全覆盖的监控和预警，为有效保护水利风景区水质提供了保障。

滨水景观美。2018 年水利部批准的国家水利风景区，更加注重滨水空间景观建设，综合考虑水景观、植物景观、建筑景观和文化景观的融合，彰显水利风景区的滨水景观美。2018 年成为国家水利风景区的广东省佛山市顺德区乐从水利风景区按照“水、绿、香、乐”的景观设计原则进行规划建设，在滨河绿化中，将乔木、灌木、湿地水生植物、地被植物相结合，景区一片春意盎然。景区建设了两处文化长廊，一是剪纸长廊。用剪纸的方法展示扒龙船、舞龙、武术等顺德地域文化。二是木版画长廊。用列入国家非物质文化遗产名录的顺德木版画，展示当地市民喜闻乐见的神像、历史人物与戏曲故事。景区设置了跑步、散步道，篮球、羽毛球场，沙滩游泳场，使滨河小区业主出了小区就进入景区，成为市民家门口的水利风景区，增强了老百姓的归属感与幸福感。顺德区政府建设水利风景区，为滨河小区市民提供良好的水环境，带动了城市高质量发展，符合生态文明、美丽中国建设的要求，得到了市民的普遍赞扬。

（二）水利风景区成为满足人民日益增长美好生活需要的优质生态产品

2018 年党和国家机构改革之后，形成了国家公园、国家旅游景区、国家水利风景区三种类型景区。国家公园是具有全球意义的生态系统，突出的是生态保护；旅游景区是以旅游及相关活动为主要功能的区域，突出的是为旅游者服务；水利风景区是以水域或水利工程为依托，以生态保护为主旨，具有一定的资源规模、环境质量，可以发展休闲、观光、游憩或科普、教育、文化等活动的区域，突出的是在保护水利工程、水资源的前提下，适当开展对环境影响较小的生态旅游与文化旅游。水利风景区已经成为满足人民日益增长需求的优质生态产品。

水利风景区，是指以水域（水体）或水利工程为依托，按照水利风景资源即水域（水体）及相关联的岸地、岛屿、林草、建筑等能对人产生吸引力的自然景观和人文景观的观赏、文化、科学价值和水资源生态环境保护质量及景区的利用、管理条件进行分级，开展观光、娱乐、休闲、度假或科学、文化、教育活动的区域。浙江省浦江县浦阳江水利风景区上游自然河流段，采取对河流最小干扰的原则：在保持河床、岸坡、山体、植被基本不变的基础上，只是在常水位以上适当高度设置亲水步道或栈道，有的地方利用原来已有的环山渠道和跨河渡槽的顶部作亲水步道，使渠道、渡槽在输水功能不变的情况下，发挥游览、亲水的功能，最大限度地保护了河流自然环境，突出了水利风景区的生态属性。游人们可在脱离了城市混凝土空间的喧嚣后，漫步在亲水步道上，尽情享受自然河流的生态恩惠。

（三）水利风景区成为文旅结合的重要载体

党的十八大提出经济建设、政治建设、文化建设、社会建设、生态文明建设“五位一体”的总体布局，为实现社会主义现代化提供了强大的思想武器。其中的文化建设为旅游发展注入了灵魂，国家机构改革方案将原国家文化部与原国家旅游局合并，成立新的国家文化旅游部，充分说明了文化在旅游中的地位和作用。

文化是旅游的灵魂，旅游是文化的载体。从某种意义上讲，旅游不仅是一种经济消费活动，而且是一种文化认知体验过程。对于旅游参与者而言，旅游不仅是一次探索自然地理、游览山河之旅，更是一次了解地域独特文化、体验地域民俗风情之行。现在已进入生态旅游、文化旅游、全家出行旅游的时代，游览者更期待在休闲游憩的同时，了解地方风土人情，学习历史文化，即追求精神层面的收获与提高。河流风景是最重要的景观资源，水文化是文化的重要分支，水文化景观是水利风景区最重要的旅游资源之一。

水利风景区主要展示水形态文化、水工程文化、水生态文化、水景观文化等水文化。

水形态文化。指不同形态的水体（包括江河、湖泊等），通过人们的观赏、体验而形成的审美感受、心灵净化和精神寄托。这种水文化通过诗词、散文、绘画、摄影等艺术形式表现出来，既展现了水形态文化的无穷魅力，给人们以美好的精神享受，又培育了人的审美情趣。

水工程文化。指水工程在设计、施工过程中所注入的各种文化元素的总和。所有水工程都凝聚着工程设计者、组织者和参与者的思想观念和知识智慧，是在水利工作者与水工程互动过程中形成的文化。水工程的规划、设计和施工过程，就是精神层面、制度层面的水文化内化于水利工作者之心，又外化于水工程之形的过程。

水生态文化。水生态文化源自水生态文明，通过文化启蒙将水生态意识和责任渗入公众的心灵，促进整个的社会生产、生活方式向低碳、绿色、循环转变。精神形态的水文化促进物质形态水文化的建立，是生态水文化建设的目的之所在。

水景观文化。指人们对水、水域及滨水空间感觉到的景观环境的客观存在。水不仅是一种物质资源，也是一种精神资源，是分布广泛而又作用突出的景观资源，可使人陶冶情操、平心静气、减少浮躁、享受生活。

水利风景区在建设中注重展示上述四类水文化形态，使水利风景区成为文旅结合的重点景区，使水文化成为文旅结合的重要元素，既提升了水利风景区的品质，也为旅游增添了水文化魅力。

（四）水利风景区在全域旅游中的作用逐步增强

2016 年 6 月，国家旅游局印发《全域旅游示范区创建工作导则》，充分肯定了水利风景区在全域旅游示范区创建中的作用，鼓励在水利工程建设中融入旅游要素和标准，充分依托水域、水利工程，开发游憩、观光、休闲、度假等水利旅游。2018 年 3 月，国务院办公厅发布《关于促进全域旅游发展的指导意见》，使全域旅游从部门行为上升为国家行为，水利部门应积极响应，使水利风景区在全域旅游中发挥更大的作用。

全域旅游指“一个区域处处是景点，人人是导游，各行业融入，各部门支持”的一种新的区域协调发展模式。处处是景点：水、水域、水利工程以其特有的灵性和文化内涵，已成为涉水旅游景区的主角；各行业融入：国家、省级水利风景区数量已超过 3000 处，水利风景区遍布祖国大江南北；各部门支持：水利行业创建水利风景区已近 20 年时间，与各级旅游部门互相配合，协调到位，水利与旅游协同发展。

自然河湖型水利风景区在发挥涵养水源功能的同时，展示河流湖泊的自然美；水库型水利风景区在作为城乡水源地的同时，为游客提供山水林田湖草共同生命体的和谐美；湿地型水利风景区在发挥调蓄雨洪功能的同时，展示生物多样之美；灌区型水利风景区在保持其生产性、生态性功能的同时，更发挥着旅游资源性的功能；水土保持型水利风景区既通过水保措施保护了水土资源，为农民提供农林牧产品，又为旅游提供林茶竹果等植物风景资源；城市河湖型水利风景区既是当地市民锻炼、交流、亲水的滨水空间，也是外地游客了解城市水文化的科普教育场所。水利风景区在全域旅游中扮演着越来越重要的角色。

（五）水利风景区成为乡村振兴的重要元素

2018年2月，中共中央、国务院颁发了《关于实施乡村振兴战略的意见》，要求实施休闲农业和乡村旅游精品工程，建设一批设施完备、功能多样的休闲观光园区、森林人家、康养基地、乡村民宿、特色小镇。水利风景区中除了城市河湖型外，其他五类（水库型、自然河湖型、灌区型、湿地型和水土保持型水利风景区）都位于农村，应发挥水利部门治水、管水的优势和水利风景区的水域、水利工程特色，为乡村振兴提供优美的水环境与水景观。

水利部门要用整合的办法建设水利风景区。首先，对系统内，根据区域水利风景区规划，有意识地将市或县内的水利工程相对集中安排，整合小水库除险加固、水土保持、水系连通、塘坝清淤等水利工程，为乡村振兴提供良好的水环境基础；其次，对系统外，整合相关涉农部门的森林保护、农业开发、古村落保护、农业种植等工程，发挥景观要素的集聚效应；最后，整合景区附近的寺庙、祠堂、农民的田园生活等人文景观，凸显乡村风情。以乡村河流水系为纽带，将水利工程、涉农工程、人文景观串联起来，一个可以开展休闲、度假活动的水利风景区框架就搭起来了。再配以适当的标识、解说系统，以及停车场、厕所等设施，农民就可以开发农家乐或民宿，接待游客了。整合上述资源建设的水利风景区，既让城市市民有一个好去处，又使乡村村民有一个好收入，体现了水利风景区在乡村振兴中发挥的优美水环境的作用。

二　水利风景区前景展望

水利部《水利风景区评价标准》对水利风景区的定义使用了13年，这13年是我国从“科学发展观”向“生态文明建设”转变的关键时期，说明当时确定的水利风景区定义有很高的前瞻性。在这个定义指导下，水利风景区有了长足的发展。随着国家生态文明建设政策的逐步落地、机构改革后水利部职能的优化到位，水利风景区发展必须以生态文明理念为指引。按照水利部提出的新时代“水利工程补短板，水利行业强监管”的水利工作总基调，对水利风景区的定义进行适当的调整，应该是水到渠成了。

《水利部办公厅关于做好第十八批国家水利风景区申报工作的通知（办综合〔2018〕12 号）》首次对水利风景区的定义做了微调。我们认为，比较合适的做法是将上述两个定义做适当的整合，将国家水利风景区的定义调整为：水利风景区是指依托一定规模和质量的水利风景资源，通过生态、文化、服务设施建设，可为人民群众提供优美生态环境的特定区域。按此定义落实《全国水利风景区建设发展规划（2017～2025 年）》，水利风景区将会在高品质的基础上实现可持续发展。

（一）加强水源涵养和安全保障

水源涵养指保护山体资源、植物资源、水资源。对于自然河湖型、水土保持型、水库型水利风景区，应保护好相关山体及其乔木、灌木、地被等植物资源，维护其涵养水源的功能，尽量减少人为干扰。对于湿地型水利风景区，应保护好水域及其水生植物与动物，维护好湿地的生物多样性。

安全保障：指保障水利工程安全运行。水利风景区开展水利旅游，必须服从水利工程的日常管理和安全运行调度。任何情况下，水利工程的安全都是第一位的。特别是在水库型水利风景区汛期泄洪时，对水库管理机构与水利风景区管理机构来说，按制度履行好各自职责尤其重要。

水源涵养做到位了，安全有保障了，就有了不竭的水源，水利风景区才成为有源之水，有本之木，才有生机和活力。

（二）突出水域岸线管理与亲水设施营造

2018 年 7 月，水利部部署开展全国清除河湖乱占、乱采、乱堆、乱建专项行动（简称“清四乱”），自 7 月 20 日起，用 1 年时间在全国范围内对乱占、乱采、乱堆、乱建等河湖管理保护突出问题开展专项清理整治行动。目前，各省区市都以下达总河长令的方式开展了“清四乱”专项行动，有的已初见成效。各地在解决河湖岸线“四乱”问题的同时，应结合城市河湖型水利风景区建设，重视水域滨水岸线生态修复和景观营造：有的要改河湖岸坡混凝土护坡为生态护坡，栽种适合当地的水生植物，营建绿色滨水空间，为河流生物提供安全的栖息地；有的要结合岸线管理建设慢行步道或自行车道，满足人们散步、游憩的需要；有的要建设亲水平台、栈道，方便市民亲水、休息；建设生态、亲水、宜人的滨水空间，建设水利风景区，将水域岸线还给老百姓，也利于河道岸线管理。

（三）强化景区品质提升和水利特色

截至2018年底，国家水利风景区已达878处，但景区质量参差不齐，在景区数量继续发展的同时，提升景区品质的问题已提到水利风景区管理部门的重要议事日程上。

建设精品水利风景区群，提升水利风景区品质。选择地方政府创建水利风景区积极性高、水环境基底条件较好的地方，从水利风景区的规划布局、景点设计、水科普宣传、水文化展示及景区管理、导视系统、服务设施等方面入手集中建设，或严格复查，提升一批国家水利风景区的品质。如福建省2015年在“万里安全生态河流”建设中及2017年在8个县启动的“综合治水实验、全域治水样板”项目中，涌现出沙县、永春县、荔城区等河流水环境改善明显的县区，可以相对集中，提高标准，建设精品水利风景区群。

建设河流水利风景区生态长廊，维护生物多样性。一条河流从源头到尾闾是一个完整的生态系统。从河流源头的涓涓细流到上游的激流穿峡，从中游的水流浩荡到下游的融汇百川，每段河流都具有不同的水文特征，孕育了不同的河流生物，滋润了不同性格的城市子民。可在已建水利风景区的基础上，建设一条全河段完整的河流水利风景区生态长廊，最大限度地发挥河流的生态功能。如黄河的一级支流渭河干流，已建有甘肃省渭源县渭河源头水利风景区，渭河上游的陕西省宝鸡市渭水之央水利风景区、岐山县岐渭水利风景区，渭河中游的宝鸡市眉县霸渭关中水利风景区、西安市渭河生态水利风景区，渭河下游的渭南市金三角黄河水利风景区。从渭河源头到尾闾，形成了一条水利风景区链。可在渭河干流尚未建设水利风景区的河段进行拾遗补缺，将整个渭河建成一条从源头到尾闾、完整的渭河水利风景区河流生态廊道，有利于渭河的河流建康与生物多样性。

建设精品水利风景区群，可以提升水利风景区的品质，产生水利风景区品牌的集聚效应，扩大水利风景区的影响；建设河流水利风景区生态长廊，可以形成一条河流从源头到尾闾连续的生态廊道，满足河流生物多样性的需要，突出水利风景区的水利特色与生态服务功能。

（四）狠抓景区管理和综合效益

景区的管理一直是水利风景区的短板，水利风景区存在部分景区规划不落实、对安全管理不重视、管理经费不到位、过于强调旅游开发等问题。应采取有针对性的措施，予以解决。

第一，强化景区复查。要在景区批复三年之内，对水利风景区进行复查。对水利风景区规划落实不力的，当年给予黄牌警告；如第二年内仍不落实，要摘牌取消其国家水利风景区的资格。通过复查的办法，可解决部分景区规划不落实的问题。

第二，落实安全负责人。这里的安全指水上游览活动的安全，尤其指游客的安全。应明确景区安全负责人，挂牌公示。由负责人按照寻找安全风险点—落实安全责任人—落实解决风险点措施—进行救护演练的程序，将景区安全风险降到最低。

第三，落实河长制。大多数水利风景区都是由水利工程建设带动而建成的，特别是城市河湖型水利风景区的滨水空间是敞开的，无法也不应该收取门票。应由河长按照河湖管理的要求，落实地方财政资金，解决河流维护与景区日常管理经费，保障水利风景区正常运行。

第四，过于强调旅游开发的问题，主要发生在由社会资金出资建设的景区。出资人想通过旅游开发尽快回收投资，取得投资效益的最大化。对此，首先，应通过景区复查，检查其旅游开发是否超出水利风景区规划范围。如果开发强度过大，应通知其整改；其次，应通过全国联网的水利风景区智能化信息系统平台，实时了解景区水质变化，如果一段时间内景区水域水质持续下降，省级水利风景区管理部门应派员上门，了解原因并责成景区管理单位尽快找到污染源，落实治理措施；最后，应通过培训和教育，使水利风景区投资者、管理者和从业人员提高生态文明意识，落实责任，使水利风景区在取得经济效益的同时，兼顾社会与生态效益，保障水利风景区可持续发展。

（五）注重解决景区发展不平衡、不充分问题

全国水利风景区发展已近 20 年，由于各种原因，出现了发展不平衡、管理不充分现象：一是出现了我国西部、北部地区水利风景区发展慢于东部、南部地区的不平衡现象；二是出现了水利风景区已有六种类型以外的其他类型，即管理不充分现象。

对于前者：水利风景区管理部门应加强对西部、北部地区水利部门领导的水利风景区知识培训和规划指导，引导他们重点建设自然河湖型、湿地型、水土保持型三类既适合当地、投资又少的水利风景区；当地水利部门也应充分利用国家重点支持安排西部、北部地区生态修复、水土保持、水系连通、灌区改造等工程的机遇，将水利工程建设与水利风景区建设结合起来，以水利工程建设带动水利风景区建设。

对于后者，应增加新的水利风景区类型：一是水文化遗产型水利风景区。我国治水历史悠久，有大量的古河、古闸、古堰、古海塘等水文化遗存，这些水文化遗存是水利风景区优质的文化景观资源。自 2014 年国际排灌委员会开始评审世界灌溉遗产以来，至今我国已有 17 处世界灌溉工程遗产，其中有莆田市木兰陂、咸阳市郑国渠、汉中市山河堰、娄底市紫鹊界梯田、湖州市溇港、四川省都江堰、桂林市灵渠 7 个国家水利风景区。其他 10 个灌溉工程遗产也基本具备申报国家水利风景区的条件。随着我国世界灌溉遗产数量的不断增加（每年 3 ~ 4 处），其申报国家水利风景区的数量也会增加，应考虑增加水文化遗产型水利风景区。二是水利枢纽型水利风景区。在水利风景区申报、评审实践中，一些依托大中型水利枢纽建设的水利风景区，远离城市，不是城市河湖型，所在河道受人类干扰大，也不是自然河湖型，

更不属于其他四种类型，在其编制规划和申报登记时无所适从。江苏省将其称为水利枢纽型，江苏位于长江、淮河、太湖下游，大中型水利枢纽多，省水利厅直属水利工程管理处的10个省级水利风景区、4个国家水利风景区全是水利枢纽型。另外，其他各省已经批复的国家水利风景区中也有相当数量属于水利枢纽型；2014年以来，国家批复的172项重大节水工程绝大多数都是水利枢纽工程，这些工程验收后大都会申报水利风景区。如国家172项重大节水工程之一的江西省峡江水利枢纽，2018年度已被批准为国家水利风景区。因此，增加水利枢纽型水利风景区类型是水利风景区发展的必然选项。

（六）做大做强省级水利风景区基础

从2017年起，水利部景区办决定对各地申报国家水利风景区的数量进行限制，每个省每年最多申报三处。新的政策公布后，在2017年、2018年两年的申报中得到了很好的执行。这两年国家水利风景区申报的数量均从70余处降为50余处。一方面，国家层面压缩每年申报的数量，提升品质；另一方面，各地在整治黑臭河、落实河长制后河湖水环境改善，市县申报水利风景区的积极性日益高涨。在上下两头施压下，做大做强省级水利风景区势在必行。一方面，未来，随着市县申报水利风景区数量的增多，省级水利风景区每年被批复的数量会随之增多，省级水利风景区的总数会有较快增长。2017年，福建、四川、江苏三省申报省级水利风景区的数量都超过10处，就是例证。另一方面，各省景区办从省级水利风景区内选择申报国家水利风景区时余地会更大。于是，各省也会开始考虑本级水利风景区品质的提升问题。这样，通过限制申报数量、提高进入门槛、压力往下传导，整个水利风景区的品质将会逐步得到提升。

水利风景区发展践行生态文明理念，积极探索河流、湖泊自然与文化资源保护，水域岸线管理与亲水设施营造，将水利工程建设、改造，落实河长制河长制与水利风景区建设相结合，各地、各类水利风景区将会百花齐放，在满足人们日益增长的美好生活需求的同时，为生态文明和美丽中国建设做出水利贡献。

B.5
对策措施与政策建议

曾宜富　汤勇生　韩凌杰*

摘　要： 绿水青山就是金山银山，维护河湖健康美丽，是对现代水利的职责要求，加强水利风景区建设与管理，功在当代，利在千秋。经过近20年的建设发展，我国水利风景区已具一定规模，但与资源总量、社会需要相比，还存在不平衡、不充分的问题，景区质量和服务水平尚有不小差距，未来的发展空间很大，当前的工作面临诸多困难，需要群策群力，共同推动水利风景区建设发展。为使我国水利风景区又好又快发展，本报告针对目前存在的主要问题和不足提出发展措施，并向政府及相关层面提出政策建议。

关键词： 水利风景区　水环境　水生态

一　发展措施

2018年9月，党中央、国务院批准印发的水利部“三定”方案，明确了水利部具有“指导水利设施、水域、岸线的综合利用”的职责，并要求水利部加快职能转变，“坚持保护优先，加强水资源、水域和水利工程的管理保护，维护河湖健康美丽”。水利部机关司局“三定”方案进一步明确了其“指

* 曾宜富，中国未来研究会旅游分会会长；汤勇生，水利部综合事业局监督与技术处处长；韩凌杰，水利部综合事业局工程师。

导水利风景区建设管理工作”职能。这是水利风景区发展历史上的重大突破。在此形势下，水利风景区工作应抢抓机遇，顺势而为，努力解决全国各地不同程度存在的职能定位不明确、地域分布不均衡、层级结构不合理、主体功能不清晰、服务设施不完善、文化科普不健全等发展不平衡不充分问题，扎扎实实推进水利风景区工作再上新台阶，满足人民群众对美好生活的需要，为推进生态文明、建设美丽中国和全面建成小康社会做出新的更大贡献。

（一）明确发展定位，将水利风景区全面纳入河湖建设管理

本次机构改革进一步理清了水利风景区与自然保护区、国家公园等自然保护地的区别与联系。虽然都强调保护优先，但水利风景区的功能定位与自然保护地“保护原生态”“禁止开发”的主体功能定位明显不同，同时也有别于旅游区的重点或优化开发定位。水利风景区是对水利工程、水域及其岸线的综合利用，是水利部门以维护河流湖泊健康美丽为使命，为人民群众提供的优质生态产品。开展水利风景区建设管理是水利部门履行对水利设施、水域及其岸线综合利用职责的重要举措，是维护河湖健康美丽的重要手段，是落实中央建设生态文明和美丽中国战略部署的载体和抓手，体现了习近平总书记“绿水青山就是金山银山”的科学论断和对新时代水利工作的本职要求。各级水利部门和单位应坚持以习近平新时代中国特色社会主义思想为指导，认真遵循“创新、协调、绿色、开放、共享”新发展理念，切实落实“节水优先、空间均衡、系统治理、两手发力”的治水工作方针，按照“水利工程补短板、水利行业强监管”工作总基调，充分认识开展水利风景区工作的重大意义，进一步明确水利风景区的发展定位，坚定发展水利风景区的信心和决心，把握新要求，肩负新使命，将水利风景区建设管理全面纳入美丽河湖建设管理范畴，使水利风景区成为美丽河湖建设的典范，为河湖保护与治理提供有力支撑。

（二）强化监督管理，完善水利风景区进入与退出机制

水利风景区建设，必须处理好水与生态系统中其他要素的关系，按照主

体功能区定位推动发展。在水利风景区建设管理上，各级水利部门既不能缺位，更不能手软，该建的要建好，该管的也一定要管好，务必克服不作为和乱作为现象。为切实加强水利风景区的监督管理，一要扎实推进专项检查。景区办应督促各流域机构、各省（自治区、直辖市）不定期开展各级各类水利风景区的专项检查，指导各地对发现的突出问题认真进行研究，进一步明确责任主体，形成责任清单、整改台账，责成景区管理单位及当地政府立即整改落实；对长期存在的共性问题，要分析症结根源，提出解决对策和办法，并落实到制度上。二要提高水利风景区监管技术水平。加大水利风景区监管平台推广应用，持续推动各地景区信息系统与监管平台实现数据衔接，逐步实现全覆盖。三要严把国家水利风景区申报关。坚决执行水质不达标一票否决。坚持生态优先，绿色发展，强化对河道湖泊空间及其水域岸线的管理保护。要压实省级水行政主管部门初审把关责任，逐步开展规划前置技术审查，确保水利风景区申报前期工作达到相应深度。四要进一步探索水利风景区退出机制。对原已批准挂牌，但发展严重滞后、确实达不到国家水利风景区标准要求的，应严加督促限期整改；对在规定期限内整改工作不落实、措施不到位、效果不明显的，要启动国家水利风景区的退出机制，确保国家水利风景区高质量发展。

（三）优化空间布局，推进水利风景区全面创新协调发展

在全国范围内，国家水利风景区已有 878 个，达到省级标准的水利风景区有 2000 多个，可说数量多，规模大。但总体上看，发展不平衡不充分的问题仍然比较突出。按照新时代五大发展理念，水利风景区的发展布局，在横向上要加快向中西部拓展，在纵向上要向乡镇村延伸。要紧密围绕“一带一路”建设、乡村振兴战略规划、京津冀协同发展、长江经济带建设、大运河文化带建设等国家重大部署，结合流域、区域水利工程和江河湖库风景资源禀赋，实施《全国水利风景区建设发展规划》，系统部署水利风景区发展空间，形成以点连线、由线到面的水利风景区发展格局。各级水行政主管部门要大胆创新工作思路，积极争取各级政府和各相关部门的支持，有效

调动和整合各相关方面的资源，形成齐抓共管、合力推进的局面。在实施水利工程项目建设时应统筹考虑水利风景区项目建设，使其在确保水利工程功能的前提下，有效发挥水利风景区的功能作用。要不断优化水利风景区结构，从严审定批准国家水利风景区，大力推进各地重点发展省级、市县级水利风景区规模，切实解决好水利风景区发展相对不充分和东西部发展相对不平衡的问题，为到2025年基本实现“县域有水景、市域有精品”的水利风景区发展目标奠定基础。

（四）适应群众需要，实施精品水利风景区建设示范工程

水利风景区建设必须根据人民日益增长的美好生活需求、经济社会发展需要和政府规定要求，明确主体功能，确定目标任务，维护河湖健康美丽，保证健康可持续发展。新时代随着社会主要矛盾的变化，人民群众对水利风景区的要求越来越高，各地有条件的水利风景区应按高水准要求，走高品质发展之路，着力打造精品水利风景区。推动精品水利风景区建设，必须坚持生态优先、绿色发展的原则。要按照水利部印发的《全国水利风景区建设发展规划》，加快推进各地落实水利风景区规划编制和提升工作，强化规划的指导作用。要切实提升水利风景区生态品质，进一步改善水质，增加绿色生态空间；要注重提升河湖水利景观质量，彰显水体景观和水利设施景观的特色和特质；要大力提高景区配套服务设施的水平，让景区服务更加人性化、便捷化和智能化；要挖掘景区文化内涵，加强水文化科普设施建设，增强景区人文魅力，为人民群众提供更具广度和深度的优质生态产品；要加强宣传推广，创新宣传形式，提升展示水平，树立形象，铸造品牌，努力扩大景区社会知名度和市场影响力，提高市民和游客的满意度。要适时组织实施精品水利风景区建设示范工程，在全国范围内遴选一批基础条件好、生态环境优、景观价值高、设施配置全、市场影响大、综合效益好的水利风景区，精心打造成为国家精品水利风景区，树立示范样板，形成规范标准，引领全国水利风景区高品质发展。

（五）突出生态功能，提升水利风景区社会服务水平

山、水、林、田、湖、草是一个生命共同体，维护河湖健康美丽是一项综合性很强的系统工程，建好水利风景区则是向人民群众提供优质生态产品的最佳载体。各级政府应充分调动各相关部门有效发挥协同共治的作用，将水利风景区建设作为各地河湖治理保护和强化生态服务功能的示范工程，引领各地尽快把老百姓身边的河湖治理好，为人民群众提供更多优质生态产品。水利风景区建设应坚持“以人为本，全面协调，因地制宜，统筹兼顾”的原则，根据美丽河湖水体“干净、整洁、生态”和河湖生态环境“干净、整洁、优美”的标准要求，既坚持以河湖自然资源为基础，又充分考虑社会发展和人的需要；既统筹自然生态的各个要素，水的资源功能、环境功能、生态功能、景观功能，又兼顾上下游、左右岸、各方面的要求，有效解决利益冲突和历史矛盾，使之在社会效益、生态效益和经济效益方面都得以全面彰显，把美丽河湖打造成美丽中国的亮丽名片。在水利风景区建设中，要切实统筹结合河流湖泊综合治理、中小河流重点治理、水系连通、水土保持、生态治理、美丽乡村建设等，改善河湖水生态环境，营造滨水文化景观，打造“一河（湖、库）一景一品一韵”，以省级水利风景区为重点，推动建设一批群众身边的水利风景区，让老百姓在家门口就能享受到水清岸绿、文化浓郁、人水和谐的优质生活空间。

（六）创新体制机制，增强水利风景区发展动力和活力

上下畅通的管理体制是做好水利风景区行业管理的重要保障，与时俱进的工作机制是增强水利风景区运行活力的不竭源泉。各级水利部门应认真按照中央机构改革要求，建立健全水利风景区工作体制机制。水利部景区办应积极发挥组织、指导作用，及时推动各地完善和创新水利风景区管理体制和工作机制，落实人员经费保障，强化上下贯通、工作联动，形成强大的动力和活力，确保全国水利风景区建设管理工作稳定延续和保持充足后劲。同时，要把水利风景区建设管理纳入河长制湖长制和水利重点工作统一安排，

逐项落实建设目标和管理任务。要明确工作责任，逐级建立工作目标责任制，建立部门间协调合作机制，及时解决工作中出现的困难和问题。要创新管理体制机制，处理好景区资源所有者、管理者、投资经营者等各利益主体之间的关系，明确各方权益和责任，采用灵活多样的经营管理机制，激发水利风景区建设和发展的活力。要加快水利风景区行业社团组织建设，鼓励各地成立水利风景区行业协会，为政府与行业和行业内部搭建交流沟通的纽带和桥梁，团结和组织各相关机构与人士为水利风景区的发展献智出力，共同推进水利风景区健康持续快速发展。

（七）加强人才培养，为水利风景区发展提供高素质队伍保障

正确的路线方针确定之后，干部就是决定性的因素。对水利系统来说，水利风景区毕竟是个新生事物，专业性强，是水利、生态、文化、园林、旅游、经济、管理等多领域、多学科的交叉地带，难题多，又比较复杂。仅靠传统思维方式和发展方式、原有的知识和人才，很难适应水利风景区发展的需要。各地应切实加强水利风景区专业人才培养，尤其是领军人才和复合型人才的培养。要探索创新用人机制和分配机制，以事业发展吸引人才，以信任支持重用人才。要建立并不断充实完善专家库，充分发挥专家的理论指导、技术支撑作用。要加大专业技术和管理人员培训力度，全面提高行业人才队伍整体素质，并密切联系实际，有针对性地培养和训练一批一线工作骨干，造就一支敬业爱岗、能打胜仗的专业人才队伍，为水利风景区的发展提供坚实的人才队伍支撑。

二　政策建议

当前，人民日益增长的美好生活需要和不平衡不充分的发展之间的矛盾已经成为我国社会的主要矛盾。习近平总书记关于“既要创造更多物质财富和精神财富以满足人民日益增长的美好生活需要，也要提供更多优质生态产品以满足人民日益增长的优美生态环境需要”的重要指示精神，为水利

风景区建设发展提供了强大的思想武器和科学的行动指南。水利风景区的建设发展，需要有更具引导性和鼓励性的政策措施来推进。

（一）将水利风景区建设管理纳入各级水利行政主管部门工作职责

中央批准的水利部新“三定”方案中，将“指导水域及其岸线的综合利用”“维护河湖健康美丽”列为水利部重要职能。在水利部机关司局职责中则更明确地将“指导水利风景区建设管理工作”作为重要职责。这既是对水利风景区功能作用的充分肯定，更是赋予新时代各级水利行政主管部门的重要使命和义不容辞的责任。良好的生态环境，是最公平的公共产品，是最普惠的民生福祉。“干净、整洁、优美”的河湖生态环境已成为群众更强烈的诉求和更美好的期盼。水利风景区的发展，对维护江河湖泊健康、培育美丽生态环境，具有重要示范作用。建议各级水利行政主管部门进一步强化意识、提高站位，勇于担责、主动作为，切实把水利风景区发展作为实现水域及其岸线的综合利用、维护河湖健康美丽的重要途径，纳入工作职责，列入工作考核，加强组织领导，落实主体责任，强力推进水利风景区更好更快发展。

（二）将水利风景区建设列为各地贯彻落实国家重大战略部署的重要内容

水是生命之源，水利是万业之本，而水利风景区则是这源本之葩。水利风景区是美丽河湖建设的经典，人与自然和谐共生的示范，人民群众喜爱的旅游目的地，全域旅游的重要组成部分，牵涉面广，外溢功能强，关联带动作用大。建议各地政府在贯彻落实国家重大战略部署时统筹考虑水利风景区的建设发展，充分发挥水利风景区的功能作用。如在全面实施河长制湖长制部署中，将水利风景区建设作为各地河湖治理保护的重要抓手和示范工程，充分调动各相关部门协同共治，尽快把群众身边的河湖治理好，让老百姓享受清水绿岸、人水和谐的生活环境。又如在实施乡村振兴战略工程中，可将水利风景区建设与扶贫攻坚和乡村振兴紧密结合起来，实行水利事业与乡村旅游、休闲农业、特色小镇融合发展，推动乡村河湖水系的保护整治，加强对水利遗产的保护利用，营造绿水青山和清新清净的田园风光；有效地发挥水利风景区的生态和产业带动优势，促进乡村调整经济结构，转变发展方式，培育生态产业，开展旅游服务，创造就业机会，加快经济和社会发展。再如“十四五”已经临近，各地在着手谋划下一个五年发展规划时，应将水利风景区发展纳入总盘子，统筹安排，合理部署。

（三）加强水利风景区相关法律法规和管理制度的顶层设计

积极高效的政策法规和管理规范是水利风景区健康快速发展的根本保障。我国现行的《水利风景区管理办法》《水利风景区评价标准》等制度体系，对规范水利风景区建设与管理发挥了重要的作用，但随着水利风景区的快速发展，有些条款已难以适应新的情况。同时，由于水利风景区系后起之秀，在水利法律法规和规范标准的大格局中多有缺位。因此，建议水利部门切实加强有关水利风景区的法律法规和管理制度的顶层设计，在修订水利法律、行政法规、部门规章和相关技术标准时，统筹考虑水利风景区的建设管理，使其在顶层中有方向、有原则、有定位。同时，要抓紧修订完善并出台新的《水利风景区管理办法》，切实提升制度规范的效力，为水利风景区持续健康发展提供强有力的法律法规和技术规范支持。

（四）加大对水利风景区建设资金的政策支持

建设资金短缺，是全国各地水利风景区面临的普遍问题，也是制约水利风景区发展的主要因素之一。其原因主要为政府政策扶持资金少，景区自主筹措资金渠道窄。对此，建议水利部门研究出台关于设立支持水利风景区建设发展专项资金的政策，每年适当安排一定的专项资金，主要用于对国家级水利风景区在提档升级、打造精品中的规划编制、环境整治、文化提升、公服改善、人才培训和宣传推广等方面的扶持，以支持和引导各地积极创建精品水利风景区。同时，建议地方政府积极研究出台关于引导社会资本参与水利风景区建设发展的政策措施，以鼓励水利风景区积极引进社会资本参与景区建设运营，合力推进水利风景区发展。

（五）加快出台加强水利风景区与文旅融合发展的指导意见

随着我国经济社会快速发展，人民群众对休闲度假旅游的需求日益旺盛，文化旅游业蓬勃兴旺、迅猛发展。水利风景区的主要功能之一就是要适应群众对美丽水生态环境的要求，满足人们对水利生态休闲产品的需要，水利风景区与文化旅游有着珠联和耦合的必然性。为使水利风景区更好地融入文化旅游市场，有效发挥其生态休闲旅游功能作用，需尽快加强与文化旅游的融合发展。为此，建议国家水利部尽快组织研究制定出台《关于加强水利风景区与文旅融合发展的指导意见》，以指导各地各级水利风景区管理机构及景区积极主动与文旅部门衔接，加强工作协调，深化业态相融，促进水利风景区与文化旅游相得益彰，同兴共旺。

专题报告

Special Reports

B.6

河长制湖长制与水利风景区

王 凯　臧红飞*

摘　要： 随着全国河湖长制的逐步落实、黑臭河治理力度的逐步加大，全国河流湖泊水环境得到明显改善。新时期水利风景区发展更加关注改善水环境、提升水景观、传播水文化，更加突出河流湖泊水域岸线管理。河湖长制与水利风景区之间存在密切的关系，为水利风景区的健康、可持续发展起着重要的保障作用。

关键词： 河湖长制　水利风景　美丽河湖

* 王凯，南京市水利局原局长；臧红飞，华北水利水电大学讲师。

一 河长制湖长制

根据党中央的统一部署，2017 年底，全国河长制已全部落实。2018 年底，全国湖长制也已落实。两年来，全国河湖长纷纷走进自己的“责任河湖”，按“一河一策”，将河流湖泊治理任务落实到分段河长，落实给责任部门。一些地方河流湖泊水环境已明显改善，为依托水域建设水利风景区打下了水环境基础。

（一）河长制的难点是黑臭河治理

河长制源于老百姓对城市黑臭水体治理的呼声，在国家经济快速发展、污染治理滞后的情况下，城市河道被严重污染，黑臭河直接影响老百姓的生活质量，市民要求政府治理黑臭河的呼声日益强烈。以习总书记为核心的党中央呼应群众的需求，在全国建立河长制，得到各级党委、政府的积极响应和人民群众的广泛支持。能否治理好黑臭河，还河道以洁净，既是对各级河长的基本要求，也是判断河长制是否成功的重要标志。

（二）湖泊治理比河流治理难度更大

湖泊是指陆地表面洼地积水形成的较为宽广的水域或水体，其特点是蓄水量比河流大，换水周期比河流长，水的流动性比河流差。其原因：一是湖泊来水有多条河流汇入，河流治理是湖泊治理的前提；二是不同行政区所属湖泊的边界难以确定，不易准确界定湖泊保护的责任；三是湖泊滨水空间的种植、养殖及旅游等活动，加大了保护与管理的难度。湖泊比河流更容易受到污染，治理所需的时间比河流治理的时间更长，难度也更大。[1]

（三）河长制湖长制的核心是各级党政领导负责制

为何经过多年治理，我国城市水环境没有得到根本转变？其主要原因不是治水技术，而是治水组织，是涉及水治理的政府相关部门之间推诿扯皮，所谓“环保不下水，水利不上岸”。对于造成河流湖泊污染的点源、面源和内源污染，地方政府找不到责任部门，追究责任时不知道该打谁的“板子”。建立河长制湖长制，由各级党政领导担任河长湖长，主要领导担任总河长总湖长，由各级党委、政府组织相关部门组成河长办，协调各部门形成治水合力，才能从根本上解决河流湖泊治理与长效管理问题。

河长制湖长制任务涉及政府系列的部门有水利、环保、规划、城建、交通、航运、工业、农业、林业、水上公安等涉水行政主管部门；涉及党委的有纪检、组织、宣传等主管部门；只有党委、政府主要负责人担任总河长，其他负责人担任河长，才有权威协调上述各部门形成合力，完成河长制湖长制的任务。

（四）河长制湖长制落实中存在的问题及解决方法

1. 部分河长办效率不高

全国绝大多数河长办都设在水利局（少数设在环保部门），上一级河长办需要下一级河长办提供河长制落实中的相关材料、报表等，由于涉及的部门较多，不能及时上报，河长办工作效率低下。解决办法：河长制各部门应派联络员到河长办集中办公。河长办由本级党委政府相关部门组成，每一个成员单位都要有一名联络员。河长办负责人要确定每个联络员的法定职责：如安排河长巡河事宜，由水利局联络员负责调度；宣传工作由宣传部联络员负责联系媒体；监察部门联络员要对河长办各联络员的法定职责及工作进行效能监察，直至追究责任等。这样组成的河长办才是名副其实的总河长领导下的河长办，才有威信，才能提高河长办的工作效率。

2. 部分地方“一河一策”落不了地

到 2017 年底，全国各级河长办的“一河一策”基本编制完成，但有的地方“一河一策”落不了地。究其原因，普遍受治水策略、工程资金、施工方法三个问题困扰。解决办法：用“三个支撑”解决“三个困扰”。

（1）治理技术支撑。“一河一策”是指每一条河流都有一个治理的技术策略。从全国范围看，由于东西部、南北方地理、降雨、蒸发、河流密度等特性及污染源差别较大，提出“一河一策”是正确的。但一座城市内相邻的几条河，其水文特性与污染源差别不大，可以采取“数河一策”。2016 年底，南京市在月牙湖、清水塘两座城市黑臭水体治理工程中，采用治理黑臭河（湖）“八字诀”——“拆、截、清、修、调、景、文、管”，收到了明显的效果。一年以后，两处水域不仅消除了黑臭现象，而且恢复了自净能力。现在，该市已将“八字诀”推广用于市内莫愁湖等其他黑臭水体的治理工程中。

（2）工程资金支撑。一是“统筹使用资金”。将与河长制六项任务有关的水利、农业、环保、住建等部门治理污染的资金，集中统筹用于河湖治理，提高财政资金使用效率。二是“PPP”方法。由政府、企业、银行三方签订合作协议：政府出资一部分、企业自筹一部分、银行贷款一部分，共同筹措河道治理资金。工程结束并运行管理一段时间后，按协议约定，由政府赎回。三是“POT”方法。根据河湖治理目标与任务，由政府与企业签订合同，企业自带资金、技术、施工队伍，实施河湖治理工程并运行、维护一段时间。合同期满后，由政府按合同规定回购。

（3）施工方法支撑。其一，关于施工噪音扰民问题：要将施工时间控制在市民上班时间，晚上不施工。关于施工灰尘扰民问题，要做到精细化施工，减少施工灰尘影响。其二，关于淤泥处置问题：一是运输途中的滴漏问题，可通过运输车辆上的防漏措施解决；二是黑臭河淤泥二次污染问题，可通过淤泥集中处置与资源化利用解决。其三，雨污水管接错问题：地下雨水管与污水管接错，是我国城市雨污分流管道铺设中普遍存在的问题。要靠下细功夫，一片一片地检查，一片一片地解决。

3. 河长办工作人员与河长联系不畅

按照各地已出台的《河湖长制考核办法》规定，市级河长一年巡河 2 次，县级河长巡河一年 4 次。平时有事如何及时联系河长就成了困扰河长办同志的问题。解决办法：设立河长主官（助理），配合河长工作。江苏省苏州市为 18 名市级河长配备了 17 名党委、政府副秘书长担任河长主官（其中一名副秘书长对应两名河长），负责组织协调、指导督办等有关工作，方便河长办与河长的联系与沟通。这一做法在河长制实践中，收到了沟通顺畅、协调高效、指导有方的喜人效果，为那些忙得分身乏术的河长和常常为找不到河长而发愁的河长办同志们提供了一个好办法。[2]

（五）河长制湖长制的最高目标——美丽河湖

美丽河湖包括河流湖泊本体、水工建筑物、水利工程管理单位三个方面。

1. 河流湖泊本体

第一，是安全的河（湖）：指实现河湖功能目标，保证河湖安全运行，发挥河湖综合效益。第二，是生态的河（湖）：指河湖水系连通，水质良好，河湖生物多样、丰富；第三，是文化的河（湖）：指河湖滨水空间设计有历史内涵与文化品位，能反映河湖水文化与地域文化特征，对人有教益和启发。

2. 对于水工建筑物

第一，实现水利功能，是水工建筑物设计与运行的首要任务。第二，操控现代高效，其管理设施要代表水利现代化水平。第三，外观审美解读，能发挥水利工程的综合功能。

3. 对于河湖管理单位

第一，管理处环境优美，与周边环境相协调。第二，办公房整洁大方，体现水利工程管理单位的良好形象。第三，管理者素质提升，服务与管理高效，实现干部、职工的现代化。

二　水利风景区建设

水利风景区的建设已经取得了令人瞩目的成就。水利风景区已成为发挥水利工程综合功能的载体、展示水利行业形象的窗口、全域旅游的重要风景资源、乡村振兴的重要平台。水利风景区在水安全、水环境、水生态、水景观、水文化方面，满足着人们日益增长的美好生活需要。

（一）发展成绩

1. 申报制度逐步完善

2013 年，水利部颁发了《水利风景区评价标准（SL300—2013）》，对 2004 年的评价标准进行了修改，进一步规范了景区现场评审工作。部景区办每年都将水利风景区专家现场考察相关规定编制成手册，规范现场考察工作。

2017 年部景区办规定，每年每个省最多只能申报 3 个景区，以遏制水利风景区数量发展过快的趋势，这一规定在近两年的申报工作中得到了很好的执行。水利风景区申报步入规范化的管理轨道。

2. 编制规划

2017 年，水利部办公厅印发《全国水利风景区建设发展规划（2017 ~ 2025）》，以下简称《规划》，《规划》对水利风景区发展具有重要的指导意义。在《规划》的指导下，各地水利风景区建设与管理工作水平将会得到进一步提升。

3. 数量增加品质提升

至 2018 年，全国已有 878 处国家水利风景区，遍及除台湾地区以外的所有省、自治区、直辖市。呈现出东中部发展较快，西、北部发展较慢的态势。近年来各景区逐步落实水利风景区规划，加之申报数量限制规定的效应显现，申报的水利风景区品质有所提升。据调查，60.6% 的国家水利风景区内空气质量达到一级标准，多数水库型水利风景区内水体水质达二类。水利风景区环境质量、景区品质明显得到提升。

4. 综合效益日益彰显

水利风景区在发挥水利工程、河流湖泊水利功能的同时，也发挥了其社会效益、生态效益和经济效益：水利风景区成为全国 105 个水生态文明试点城市示范区，成为当地市民和外地游客亲水、游憩的滨水空间，为当地解决了部分就业岗位，为调结构、稳增长提供了支撑，在全域旅游、乡村振兴中发挥了不可或缺的作用，综合效益十分明显。

（二）发展不足

1. 水利特色彰显不足，缺乏长效管理机制

有些水利风景区除了有部分水域面积以外，看不到水利风景区标识，看不到水利工程景观，看不到水景观与水情教育，看不到与水有关的旅游产品，让人感觉景区与水利、水资源没有关系，缺少水利风景区的水景特色、水利特色。

2. 管理体制存在问题

有的地方在申报水利风景区时，由当地政府批准成立了景区管委会。但实践中管委会只是一个牌子，景区被批准后，管委会从未协调处理过水利风景区发展中需要解决的问题，申报时政府的承诺没有办法兑现，致使水利风景区多年没有编制规划或有规划没落实，没有水利风景区应有的风景。

3. 水文化展示与水科普教育不够

水利风景区除了特有的水景观外，水文化和水科普是水利风景区的灵魂。六类水利风景区应展示各自独特的水文化：自然河湖型要突出自然保护教育与科普；城市河湖型要突出河湖水文化展示；灌区型要突出水与农田、村落、农民生活的核心关系；水土保持型要突出山水林田湖草系统治理的方法；水库型要突出水库发展的历史脉络；湿地型要突出生物多样性等。

（三）发展思考

1. 水利风景区发展历程

从水利工程管理单位发展水利风景区的角度看，水利风景区发展经历了四个阶段。

一是发展多种经营阶段。20 世纪 80 年代，水利部提出“一把钥匙，两个支柱”的水利工程经营管理理念。水库管理单位通过开展水利旅游，发展多种经营，弥补管理经费不足，改善管理人员待遇。

二是开发旅游阶段。21 世纪初，水利部开始国家水利风景区评审。由于初搞，究竟是为了改善水利工程管理单位环境，增加管理单位职工的收

入，还是为游客服务？还在探索之中。

三是开发与保护争论阶段。2012 年党的十八大提出生态文明的理念后，出现了一些争论：一些同志提出水利风景区属于自然保护区，而自然保护区是不允许开发的；一些同志问：不允许开发，水利风景区投资如何收回？一些同志提出水利风景区不是自然保护区，可以开发。是搞大开发还是适当开发？一时众说纷纭。

四是河湖水域及其岸线管理、保护阶段。今后，水利风景区的规划、建设、申报、审批各个环节，都要围绕河湖水域及其岸线管理、保护来开展工作。

2. 为什么建水利风景区?

首先，是维护水工程、保护水资源、管护河湖岸线的需要。水利部门管理的水库与河湖，大都有风景旖旎的水域旅游资源。水利部门不搞水利风景区，地方相关部门会搞其他景区或公园，发展旅游经济，往往直接影响水利工程的安全，影响水域水质，侵占水域岸线。出了安全问题，水利部门仍然有责任。其次，是发挥水资源综合功能的需要。水资源已经从过去的灌溉、航运功能扩展为供水、水力发电、水环境、水文化等综合功能。再次，是提升水利工程管理单位环境的需要。20 世纪后期，水利投入少，基层水利工程管理处（管理所）和其他政府部门的下属单位比，环境差，留不住人，不利于调动基层水利干部、职工的工作积极性。一些水利工程管理单位建设水利风景区，提升了管理单位环境，在景区美丽的环境里办公，员工的心情轻松而愉快，对工作有利。水利部门管理的水域与水利工程不仅要发挥其防洪、灌溉、航运等传统功能，也要让其水景观、水文化的新功能为老百姓服务，满足人们日益增长的美好生活需求。最后，是弥补管理单位经费不足的需要。在我国西部、北部地区，一些水利工程管理经费还没有落实到位，需要管理单位利用其管理的水土资源创收，弥补管理经费的不足。在此状况下，建设水利风景区是一条出路。

综上所述：水利工程管理单位凡具备建设条件的，都应积极创建水利风景区。

（四）新时代水利风景区定义

随着国家生态文明建设政策深入人心、河湖长制逐步落实和水利部职能优化到位，水利风景区发展必须以生态文明理念为指引，与水利部新的职能相一致。对水利风景区的定义进行适当调整，应该是水到渠成了。建议新时代水利风景区的定义是：水利风景区是以河流湖泊及水利工程为载体，通过协调水利工程建设、水域河湖岸线管理和社会公众对生态环境的需求，实现工程景观与自然景观相互融合，可以开展科普、文化、教育及观光、游憩、休闲、度假活动的区域。

三　河长制湖长制与水利风景区建设

河长制湖长制的最高目标是实现美丽河湖，水利风景区规划建设的目标也是实现美丽河湖。因此河长制湖长制与水利风景区之间存在互相促进的密切关系。

（一）河湖长制促进水利风景区建设

1. 全面推行河长制湖长制，加快了水环境治理进度

到 2017 年 6 月底，全国的河流都有河长了。2018 年底，湖长制也全面落实。河湖长们在认河、巡河的基础上，有的地方已开始实施“一河一策”，初步改善了河湖水环境。特别是浙江、上海、江苏、江西等四省分别出台了本省落实河（湖）长制的省级地方法规，使各级落实河（湖）长制有法可依，河长制湖长制的效果将会愈加明显。

不论是河长制还是湖长制，目的都是强化地方党政一把手对辖区内自然资源资产的监管责任。河长制湖长制创造性地将辖区内分散的水环境保护管理职责，向地方党政主官集中，提升了地方对水环境治理的关注度，推动了水环境保护属地责任的落实。

各级党政领导担任河长湖长，主要领导担任总河长，他们除了担任原有

的职务外，又增加了一个职务——河（湖）长。在河长的协调下，涉河各个部门形成合力，统筹使用各部门的治水经费，或采用“PPT”模式、“POT”模式，筹措治水资金；落实“一河一策”或“数河一策”治河策略；采取雨污分流解决点源污染，海绵城市解决面源污染，河道清淤解决内源污染；加快了河湖水环境治理进度。

2. 水环境提升促进了水利风景区发展

各地落实河长制、湖长制的任务与当前对河流“清四乱”的要求吻合，干涸的河湖有水了，水体流动了，水质变好了；沿滨水空间有了大片绿地、亲水步道、休息设施、锻炼器材、水文化展示与水科普宣传设施等，这些都是水利风景区的风景资源。

水利风景区是以水域（水体）或水利工程为依托建设的，河流、湖泊及滨水空间的水景观，调控水流的水利工程，都是水利风景区的主要景观元素，室内的水利展示馆，室外的河流、湖泊文化展示是水利风景区的灵魂，是区别于其他类型景区（公园）的主要特征。

有了上述水利风景区的基本景观元素，再整合河流、湖泊附近的田园种植、茶园果树等农业、林业景观，整合古村落、古祠堂、村史馆、古桥、古树等历史和遗存，用河流将上述景观串联起来，辅以适当的旅游服务设施，即形成水利风景区的基本框架。

3. 推行河长制湖长制，加快落实河长制湖长制管理制度

对于大中型河流湖泊，首先应由市、县（区）水利部门成立专门的河湖管理机构，由专业人员干专业之事。其次，要构建标准体系，让河湖管理人员清楚地知道要做什么、标准是什么、如何让标准落地。最后，要实行河流湖泊管养分离，将日常维修养护任务发包给专业养护公司，地方管理单位派人在现场进行监督指导。江西省九江市在落实长江九江段河长制过程中，不仅堤防巡查工作按“标准”落实，同时全面实行管养分离，收到了很好的效果。[3]

对于乡、村管理的河流、塘坝，建议以乡（镇）为单位，整合各行业部门的管理经费组建村保洁队伍，将村庄环境卫生，乡、村道路，乡、村河

流、塘坝保洁任务等捆绑在一起，以村为单位进行管理与检查，避免出现路上的垃圾往河里扫，河里的垃圾往路上扔，村里的垃圾往路边、河里倒的现象。

（二）水利风景区建设促进实现河长制湖长制目标

1. 水利风景区提高了河长制湖长制标准

河长制“六项任务中”中的第四项是加强水环境治理，实现河湖环境整洁优美、水清岸绿；湖长制“六项任务中”中的第五项是开展湖泊生态治理与修复：因地制宜推进湖泊生态岸线建设、滨湖绿化带建设、沿湖湿地公园和水生生物保护区建设。河长制中的水环境治理和河长制中的水生态修复，为河流湖泊水利风景区建设提供了水景观。在此基础上，应增加水文化展示和水科普的内容，适当提高河长制湖长制标准，为水利风景区建设提供更多的水利风景资源。

2. 水利风景区建设发挥了河湖的综合功能

按照传统治水理念，河流湖泊等水域主要的水利功能是蓄水灌溉、泄洪滞涝、水上航运。随着经济社会发展和人民物质生活水平的提高，人们对生活环境的要求越来越高，亲水需求越来越强烈，希望居住在水边、游憩在水边、锻炼在水边、聚会在水边，河流、湖泊的功能扩大到重要的风景资源和旅游目的地。各地在河长制湖长制推行工作中，应提升河湖水环境，建设水利风景区，满足人们日益增长的美好生活需求。

3. 水利风景区建设实现了美丽河湖目标

各地水利部门应将水利风景区规划的理念融入水利工程建设和河湖治理“一河一策”“一湖一策”中。在城市黑臭河治理中增加河流治理技术介绍和河流文化展示，建设城市河湖型水利风景区；在水库除险加固工程中增加供水水源介绍和水库文化展示，让人们了解保护供水水源的重要性，积极投入节约用水活动中，创建水库型水利风景区等，通过水利风景区建设实现美丽河湖目标。

可以相信，随着全国河长制湖长制的逐步落实，河流湖泊水环境将会得到明显改善，申报水利风景区的数量也会逐步增加。建议各地、各级水利部门在河湖长制实践中，给予积极引导，在河湖治理中融入水利风景区的理念，将河流湖泊建成水利风景区，以美丽河湖支撑美丽中国，为实现生态文明国家战略做出贡献。

参考文献

[1]《人民长江报》2018 年 2 月 8 日第六版。
[2]《中国水利报》2017 年 11 月 23 日第一版。
[3]《中国水利报》2018 年 11 月 20 日（专题版）。

B.7

乡村振兴战略背景下水利风景区的发展与建设

李 琛 廖梦均*

摘　要： 乡村振兴战略是现阶段我国实施的重大社会发展战略之一，乡村振兴战略促使我国“三农”发展又上新台阶，开启了全面建设小康社会的新篇章。水利风景区建设必须抓住这一历史机遇，充分发挥水利风景区与乡村区域紧密融合的优势，在更高标准、更高层次上进行发展建设，坚决完成好水利风景区落实乡村多元融合跨越式发展的政治任务和历史使命，坚定地把实施乡村振兴战略作为新时代实现“两个一百年”奋斗目标和实现全体人民共同富裕的重要途径。

关键词： 乡村振兴　水利风景区　发展

一　实施乡村振兴战略的重大意义

实施乡村振兴战略，是新时代党中央统筹推进乡村“五个振兴”、做好“三农”工作的重要抓手，对于水利部战略部署的落地落实和新时代水利工作转型，对推动水利风景区实现全面振兴，具有重大的现实意义和深远的历史意义。

---

* 李琛，北京联合大学副教授；廖梦均，水利部景区办工程师。

（一）实施乡村振兴战略是筑牢水利风景区生态屏障和水源涵养地的关键举措

水利风景区是我国重要的水生态载体和水源涵养地，是乡村生态安全的重要屏障。水利工程是重要的民生工程，是乡村实现共同富裕的重要保障。应通过水利风景区建设，实施乡村振兴战略，走绿色发展之路，走生态文明发展之路，走多元融合发展之路，坚决贯彻“绿水青山就是金山银山”的重要思想，切实保护好乡村生态涵养区和水源地，筑牢乡村地域的生态屏障，实现山水林田湖草生态系统的良性循环，共同保障城乡生态安全。

（二）实施乡村振兴战略是建设现代化水利经济体系的重要补充

农业是国民经济的基础，农村经济是我国现代化经济体系的重要组成部分，农民生活水平更是我国全面实现小康社会的重要目标。水利经济建设是国民经济发展的关键环节，是农业经济发展的重要保障，农村现代化水利建设是全面实现乡村振兴的重要保障。在新形势下，构建现代化水利经济协调发展体系应与乡村振兴战略紧密结合，加快加速水利风景区建设，构建多元化农村产业体系和经营体系，推动农村产业融合发展，实现农村经济高质量发展，为水利风景区加快实现景村融合、完善水利经济体系奠定坚实基础。

（三）实施乡村振兴战略是弘扬水利风景区文化的有效途径

水利风景区承载着人类源远流长的水文化，是千百年来人类治水文明的集中体现，实施乡村振兴战略有利于将优秀的水文化和古老悠久的农耕文化紧密结合起来，构建多元化的文化体系，提高中华民族的文化自信，凝聚社会公众对河流文化与乡村文化的兴趣和关爱，激发人们爱乡爱土、识水乐水的情怀，促进公众增进对水文化内涵的了解，培养人们知水、爱水、节水、护水的意识。

（四）实施乡村振兴战略是实现水利风景区所在区域全面建成小康社会和共同富裕的重要抓手

共同富裕是乡村振兴的核心目标，全面建成小康社会的重点是要突破农村发展瓶颈，全面提高农民生活水平，改善农村生产生活环境。实施乡村振兴战略，引导水利风景区资源要素与农村资源融合，形成乡村旅游、休闲康养等农村新业态，有利于促进水利风景区所在区域农村生产生活条件的改善，促进民生保障水平的提高，促进农村产业全面升级，农村社会全面进步，农民全面发展，促使水利风景区所在区域农民走上共同富裕的道路。

二　乡村战略背景下的水利风景区发展战略定位

要坚持以习近平新时代中国特色社会主义思想为指导，深入贯彻落实党的十九大精神特别是习近平总书记对新时代治水方针以及水利部对水利风景区发展的战略定位，牢固树立新发展理念，落实高质量发展要求。

（一）坚持人与自然和谐共生

要牢固树立和践行“绿水青山就是金山银山”的理念，坚持绿色发展和多元化发展路径，落实节约优先、保护优先、自然恢复为主的方针，统筹山水林田湖草系统治理，严守生态保护红线，以绿色发展引领水利风景区所在区域的乡村振兴，全面实现人与自然和谐共生的发展理念。

（二）坚持景区—乡村融合发展

要深化体制与机构改革，坚决破除体制机制弊端，打破水利部门与乡村基层组织之间的二元结构壁垒，建立健全景区—乡村融合发展体制机制和政策体系，促进景—村在规划布局、要素配置、产业发展、公共服务、生态保护等方面相互融合和共同发展，推动景—村要素自由流动、平等交换，加快形成景—村互促、城乡互补、全面融合、共同繁荣的新型景—村关系。

（三）坚持休闲农业、全域旅游融合发展

在水利风景区所在的农村区域，要深入挖掘休闲农业资源，对传统农业向现代农业过渡过程中形成的休闲农业资源，文化创意产业中形成的文化艺术品、文化遗迹与非物质文化遗产等进行旅游开发，形成旅游产品，实现农旅结合、文旅结合，以旅促农，文旅互促，拉长和延伸各自的产业链。

（四）坚持水利与扶贫融合发展

旅游业具有极强的前向、后向和旁侧关联性，其上游产业有农业、工业，中、下游产业有交通、金融、餐饮等相关服务性行业，产业带动作用极强。农村地区通过开发风景资源和乡土风貌，大力发展旅游业，将带动乡村地区全面发展，水利风景区建设应把握国家推进水利设施风景化进程的新机遇，与乡村旅游发展紧密结合。以景—村融合建设为目标，建设新型水利设施，是统筹城乡发展、满足人民群众对美好生活的追求、实现共同富裕的根本途径。

（五）坚持改革创新

要全面推进农业农村体制机制改革创新，创造和优化发展条件和环境，激活主体，激活要素，激活水利风景区，扩大农业农村对外开放，调动包括水利风景区在内的各方力量参与乡村振兴，以科技创新引领和支撑乡村振兴，以人才汇聚推动和保障乡村振兴，以资金投入推动乡村振兴，增强农业农村发展动力。

三　乡村振兴战略背景下的水利风景区发展举措

（一）坚持生态优先、绿色发展，保护山清水秀的生态空间

要树立山水林田湖草是一个生命共同体的理念，坚持生态优先、绿色发

展，统筹推动水利风景区生态屏障建设，全面加强重点生态功能区保护。全面实施生态环境保护、生态红线划定、生态创建、生态环境治理与修复、生态质量提升和农村环境监管等六大生态工程。加强对自然生态空间的整体保护，落实农村环境保护主体责任，修复和改善乡村生态环境，提升生态功能和服务价值。分类实施产业准入负面清单制度，明确产业发展方向和开发强度，强化准入管理和底线约束。合理划定水产养殖业适养、限养、禁养区域。结合水利风景区特色山水生态格局，构建山水生态富民走廊，改造和培育一批山水生态美丽村庄，将“绿水青山变成金山银山”。

（二）把保护山清水秀生态空间与建设宜居适度农村生活空间有机结合起来

要尊重乡村自然环境和农业生产生活习惯的传统依存关系，坚持“小规模、组团式、微田园、生态化”理念，坚持乡村发展与水利风景区的有机结合，以提升乡村生产服务功能和农民生活品质为重点，结合水利风景区资源要素，优化居民点规模和集聚形态，合理布局基础设施和公共服务设施空间，划定空间管控边界，明确用地规模和管控要求，确定基础设施用地位置、规模和建设标准，合理配置公共服务设施，引导生活空间尺度适宜、布局协调、功能齐全。保护和传承传统村落建筑风貌，彰显民居特色，注重融入时代元素，适应现代生活需要，强化空间发展的人性化、多样化，拓展住宅功能，构建便捷的生活服务圈。

（三）推动主体功能区建设，建设“山水相依、景田相望”的水利风景区空间大格局

要坚定不移落实国家主体功能区战略规划确定的重点开发、限制开发和禁止开发三大类功能区域，进一步明确各类功能区乡村振兴的指导思想、基本原则和具体要求。强化国土空间管控，推进综合整治，形成高效、协调、可持续的国土空间开发格局。严格保护好水利风景区生态安全，合理设置生态、水利风景区、农业、城镇四大空间，科学划定生态保护红线、永久基本

农田和城镇开发边界，构筑“三区三线”空间格局。舒展“村、水、山、林、田”的水利风景区山水新画卷，保护好碧水青山，筑牢生态屏障。建设“山水相依、景田相望”的水利风景区空间大格局。

（四）推进水利风景区建设与农村产业融合发展

要推动水利风景区所在区域农村产业深度融合，不断拓展乡村多种功能，培育农村新产业新业态，以完善多形式利益联结机制为核心，以制度、技术和商业模式创新为动力，发展壮大乡村产业，优化农村一、二、三产业间各种生产要素组合，三产联动一、二产发展，优化要素跨界配置，实现三产在融合发展中同步升级、同步增值、同步受益。

深入挖掘水利风景区所在区域农业农村生态涵养、休闲观光、文化体验及康养等新价值，注重产品与服务双提升，促进农业功能从提供物质产品向提供精神产品拓展，从提供有形产品向提供无形产品拓展。加快发展休闲农业和乡村旅游，培育一批乡村旅游强镇强企，推动农林牧渔等产品向旅游商品转化。依托农村产业融合发展试点示范区、现代农业产业融合示范园区、田园综合体建设等，打造农村产业融合发展综合平台。

深度挖掘现代乡村新价值新功能，按照整合资源、突出特色的发展思路，大力实施“农业 + 文创、康养、旅游、庆典”等行动计划，着力打造乡村经济发展新引擎，培育乡村振兴新产业新业态。

实施“水利风景区 + 农业 + 文创”，深挖水文化和传统农耕文化精髓，大力发展创意水产业、创意农业，推出特色食品、纪念品、藏品、饰品等独具水利风景区特色和民间文化元素的文创产品。

实施“水利风景区 + 农业 + 康养”，依托水利风景区的自然地理和人文历史条件，重点打造养生和养老产业集群，建设一批以江河湖泊水域为主的健康养生基地。鼓励支持社会资本、工商业资本融入农业康养产业。使示范区内村村有故事，家家有客住。

实施“水利风景区 + 农业 + 旅游”，依托水利风景区所在区域的基础设施，集合水利风景区建设，强化乡村道路与水利风景区的连接，加强乡村慢生活交通、观光游览线路、绿植景观走廊的建设，形成乡村生活的多样化空间。加强乡村生活服务业态策划，培育主题农家经营户，如乡村客栈经营户、乡村工坊经营户、乡村美食经营户、乡村休闲经营户等。

实施“水利风景区＋农业＋庆典”，设计一批体现水利风景区和乡土文化内涵的节庆活动，加大对节庆活动的宣传力度，开发传统节日文化用品，促进文化资源与现代消费需求有效对接。通过节庆活动提高水利风景区及其所在农村地区的知名度，吸引投资，培育相关产业，提高当地的经济发展水平。

（五）统筹田园生态系统治理，塑造乡村生态景观

要鼓励有条件的地方立足环境容量和产业基础积极参与田园生态系统示范区创建，探索与现代农业相适应的田园生态系统保护与修复模式，科学配置农作物品种、种植制度、耕作方式，推动农林牧渔融合循环发展，促进田园生态系统内中间产品和废弃物的交换和连接，构建生态循环的田园生产体系。加快恢复田园生态系统基本空间格局的整体性，着力修复和完善农田林网、河流沟渠等生态廊道，提高田园生态系统内部的关联性，修复自然生态系统涵养水源、保持水土、净化水质、保护生物多样性等功能，逐步恢复田间生物群落和生态链。统筹建立健全森林、河湖、湿地等乡村重要生态系统监测网络和耕地质量、水质等重要农业资源环境监测网络，定期发布生态系统和农业资源环境监测结果。

加快形成“山地森林化、农田林网化、河流景观化、村庄园林化、道路林荫化、庭院花果化”的乡村生态景观格局。通过土地整治、植被恢复、生态堤岸整治、动植物多样性恢复等手段，系统修复乡村生态，塑造乡村“绿色边界”。结合绿色村庄建设，积极开展乡村植树造林、古树名木保护、湿地恢复等工作，充分利用房前屋后、河塘沟渠、道路两侧闲置土地见缝插绿、拆违还绿、留白建绿。搞好村口、路侧和滨水地带绿化，注重乡村绿化与庭院经济、经济林果相结合，鼓励采用乡土树种，凸显地域乡土特色，推进乡村庭院绿化美化。

（六）加强生态环境保护与修复，实施生态修复大工程

要把山水林田湖草作为一个生命共同体，统一保护，统一修复，大力实施乡村生态保护与修复重大工程，贯彻执行农业生产区“降低投入强度、减小复种指数”，完善重要生态系统保护制度，促进乡村环境稳步改善，自然生态系统功能和稳定性全面提升。

加大水利风景区所在区域生态系统保护和修复力度，实施生态系统保护修复重大工程，恢复提升生态系统功能，增强生态系统的质量和稳定性。加强水利风景区所在区域水土流失综合治理，积极推进中小河流域治理，增强水土流失区生态稳定性。以小流域为单元，采取灾害治理、生态修复及保土耕作等措施，加强重点区域水土流失综合防治。加强对被污染耕地、搬迁企业原址的土壤治理与修复。加强资源开发区域的生态保护和修复，生态保护红线区内禁止新增矿产、水力等资源开发活动，清理整顿已有开发活动。推进道路、水电、建筑等工程创面植被恢复。

（七）传承创新乡村文化，促进水文化与乡村文化有机融合

要在水利风景区所在区域实施“文化＋”战略，加大文旅、文创企业培育，加快建设特色文化产业乡镇、文化产业特色村和文化产业群，塑造一批具有浓郁特色的知名“水利风景区＋乡村”文化品牌。

实施乡村文化传承保护工程，深入挖掘乡村文化中蕴含的乡土文明，充分发挥其在凝聚人心、教化群众、淳化民风、文化传承中的重要作用。实施乡村文脉保护和传承行动，建立乡村传统文化保护名录，加强保护水文化、乡土文化等优秀文化遗产。按照一村一档的原则，建立健全传统村落“文化基因库”，贯彻一村一策、一户一策的原则，对传统村落和乡土建筑进行保护和修缮。坚持保护和开发有机结合，保护好历史文化名镇名村、传统村落、传统民居、文物古迹、民族村寨、农业遗迹等。实施乡村记忆工程，加强村志村史编撰和整理，建设乡村文化记忆的生产性保护示范基地和保护项目。实施非物质文化遗产传承工程，大力开展乡村非物质文化遗产资源普查

工作，进一步完善非遗保护制度，建设非遗专家队伍，支持传统技艺、传统医学等方面各级非遗传承人依托乡土非遗资源优势，开展研修研习培训计划，提高传承实践能力，在具备条件的农村地区设立综合性传习中心、传习所和传习点，建设文化生态保护区，加大民间艺术、手工技艺、民俗活动的传承保护力度。

紧密结合美丽乡村建设，深入挖掘乡村特色文化符号，盘活水利风景区的地方特色文化资源，留住乡土气息，焕发乡村魅力。实施乡村文化创新人才培育工程，建立激励机制，引导企业家、文化工作者、退休人员、文化志愿者等投身乡村文化建设，开发乡村历史文化、民俗文化、生态文化等多种元素，深挖历史古韵，弘扬人文之美，重塑诗意闲适的人文环境和田绿草青的居住环境，重现山水林田湖草共生之景。

加强规划引导、典型示范，挖掘培养乡土文化本土人才，建设一批特色鲜明、优势突出的农耕文化产业示范区（园），创建一批特色文化产业乡镇、文化产业特色村和文化产业群。大力推动农村地区实施传统工艺振兴计划，促进传统工艺提升品质，形成品牌，带动就业。实施精品文化遗产旅游示范工程，整合区域资源，着力打造乡村文化圈、文化带、文化走廊、文化脉络。积极开发传统节日文化用品，促进文化资源与现代消费需求有效对接。

（八）坚持景村融合，建设生态宜居的美丽乡村

水利风景区建设要坚持遵循乡村发展规律和推进美丽宜居乡村建设的内涵要求，科学规划，因地制宜，分类推进与幸福美丽新村建设相结合的任务，创新理念、思路和举措，建设“业兴、家富、人和、村美”的幸福美丽新村，推动形成景村互促、城乡互补、全面融合、共同繁荣的新型景村关系。

坚持科学编制水利风景区规划，确保规划的前瞻性、科学性、严肃性和可操作性，确保水利风景区建筑风格与乡村风貌的协调性，充分发挥水利风景区在扶贫解困、产业提升、旧村改造、环境整治和文化传承方面的

作用，加快建设“业兴、家富、人和、村美”的幸福美丽新村。结合农村生产生活实际，顺应地形、植被、水体等自然因素，坚持宜建则建，宜改则改，宜保则保原则，注重建筑单体个性设计，突出乡土特色和地域特点，建设富有区域特色、承载田园乡愁、体现现代文明的景—村共融的水利风景区。

B.8
涉水风景区旅游安全风险特征与机制研究

谢朝武　黄 锐　章 坤*

摘　要： 以2010~2018年全国旅游企业上报的全国旅行社责任险出险案例为基础，选取其中2232起涉水风景区旅游安全事故案例作为研究样本，对全国涉水风景区安全的基本形势与风险结构进行深度剖析。研究发现：我国涉水风景区的旅游安全事故类型具有多样化、集聚化的分布特征，涉水景区安全事故的时空分布呈现集中化的分布态势，事故结果和伤亡特征具有差异化分布特征，人员因素和环境因素是事故发生的重要原因。基于此，本报告针对涉水风景区的安全管理工作提出了涉水风景区要提高安全事故管控和应急处理能力、“因时”“因地”开展旅游安全防范工作、加强各部门协调合作和景区的安全宣传教育等相关优化措施。

关键词： 涉水风景区　旅游安全事故　风险特征　风险机制

伴随着我国旅游人次的增长和旅游消费结构的多元化发展，涉水风景区受到越来越多游客青睐，水体资源作为旅游资源的重要组成部分，既是构成景区旅游景观的重要物质基础，也可以用来开展丰富多彩的旅游体验活

---

* 谢朝武，华侨大学旅游学院教授；黄锐，华侨大学旅游学院博士研究生；章坤，华侨大学旅游学院硕士研究生；基金项目：教育部人文社科项目（19YJAZH097）。

动。[1]由于涉水旅游资源存在观赏性和体验性高度融合的特征，涉水旅游产品结构具有一定的特殊性和复杂性，涉水景区的安全问题也更加突出和关键。2018 年我国国内旅游人数达 55.39 亿人次，而暑期更是游客出游的高峰期，水利旅游景区因其优美的风光、消夏避暑环境和良好的生态吸引了大量旅游客流。[2]但由于部分旅游者涉水安全技能的缺乏与景区的安全管控机制不健全等原因，涉水风景区的旅游安全事故频发，加强涉水风景区旅游安全风险特征与机制研究对于保障游客安全和促进涉水景区安全发展具有重要实践意义。

一 全国涉水景区安全基本形势

（一）全国涉水景区安全事件发生频率仍较高

从 2010～2018 年涉水景区旅游安全事故年份分布（见图 1）可以看出，我国国内涉水风景区的旅游安全事故发生率在近九年的时间内大体上经历了一个先升后降的过程，其中在 2013 年达到了一个事故发生率高峰，该年共发生了高达 438 起的旅游安全事故，占近九年来事故发生总数的 19.62%，而从 2013 年到 2015 年，涉水风景区旅游安全事故发生率逐年下降，且下降比率较大。最近四年来涉水风景区的旅游安全事故发生率基本保持在一个平稳的水平，维持在 6% 左右。虽然较之前年份的事故发生率较低，但因旅游安全事故的危害性较大，6% 的事故发生率仍不能小觑，需要引起涉水风景区的警戒以及相关管理部门的注意。因为一旦景区发生旅游安全事故，无论对旅游者还是对旅游景区，都会造成严重甚至难以恢复的影响。旅游者可能因此遭受身体上或者财产上的伤害，旅游景区也可能因此造成景区品牌形象和效益的下降，进而影响其景区的营销与景区客流量等一系列景区发展问题。就总体而言，目前我国涉水风景区的安全形势依然较为严峻，需要涉水风景区加强安全管理，提高景区安全管理水平和景区应对突发性安全事故的处理能力。

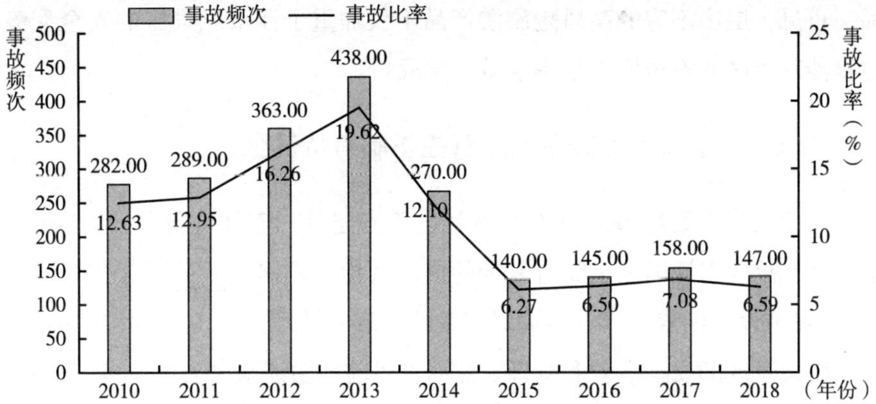

图1 2010～2018年涉水景区旅游安全事故年份分布

（二）高风险旅游产品不断出现，给旅游安全管理带来挑战

随着旅游业的深入发展，传统的观光旅游模式对旅游者的吸引力逐渐下降，越来越多的旅游者开始追求具有高刺激性的旅游产品或者旅游项目，以此来获得新鲜感和体验感，因此在旅游市场上各种高风险的旅游产品便开始层出不穷。如以潜水、滑水、冲浪、漂流等为代表的体育类高风险旅游项目，以转马类、滑行类、观缆车类等为代表的特种设备类高风险旅游项目，和以水上摩托、快艇、游船等为代表的水上交通类高风险旅游项目。但是，由于旅游者在参加这类旅游项目时需要付出特殊的体力、体能、技能和心理素质才能得以驾驭，而旅游者在游玩的过程中往往对危险并没有足够的警惕，加之相关管理部门对高风险旅游产品缺乏有效的监督和完善的安全保障，因此我国各地经常出现由高风险旅游产品导致的旅游安全事故。如2015年8月1号，江苏扬州市一男子在当地一家游泳馆戏水时，被一种名为“造波游泳池”的水上娱乐项目里的波浪掀翻到池底，造成全身多处软组织挫伤；就在同一天，13岁的方某到上海奉贤区体育中心的“造波游泳池”内游泳，不幸溺亡。[①] 两起事故发生的直接原因都是水上高风险旅游产

① 《多地水上乐园出现安全事故　人造波浪频频“惹祸”》，央广网，http：//china.cnr.cn/yaowen/20150805/t20150805_ 519431666.shtml。

品。可见，层出不穷的高风险旅游产品不仅加重了涉水风景区的安全形势，也给涉水景区的安全管理带来了重大挑战。

（三）涉水风景区旅游安全管控机制有待健全

由于景区突发性事故具有突然性、不确定性、破坏性等特点，[3] 此外，突发性事故的来源因素也具有复杂的成因结构，具体如人员因素、[4] 环境因素、[5] 设施设备因素[6] 等，因此对突发性事故的处理直接关系到游客的人身安全以及景区的安全运营和管理。然而就目前我国涉水风景区而言，其安全管控机制仍然存在很大的问题，如涉水景区监管主体不明确，景区管理手段落后，事前预防与预备工作欠缺，事发的监测与预警体系不完善，事中的处理与救援工作不到位，以及事后的恢复与重整缺乏相应的计划与规划等，往往不能有效地预防事故、处理事故以及解决事故带来的问题。因此，目前涉水风景区的安全管控机制亟待健全，以应对景区突发性的安全事故，保障游客的人身安全以及景区的安全稳定发展。

二　涉水风景区安全风险结构

（一）涉水景区安全风险类型特征

在涉水事故的类型划分上，可以将涉水景区的旅游安全事故主要分为漂流事故、温泉事故、快艇事故、溺水事故、游泳事故、意外落水事故以及潜水事故等 15 个小类。通过对 2232 起涉水风景区旅游安全事故的主要类型分布进行统计（见表 1）我们发现，发生频率最高的涉水事故为漂流事故，占比高达 41.08%；其次为温泉事故，占比为 11.96%；排名第 3 位的涉水事故为快艇事故，占比为 11.29%；溺水事故占比为 10.53%；游泳事故和意外落水事故的占比也都超过了 5%，分别为 9.68% 和 7.44%；事故发生频率低于 5% 的有以下 9 种事故，分别为：潜水事故占 3.90%，水生物袭击事故占 1.52%，冲浪事故占 0.72%，竹筏/皮筏事故占 0.63%，香蕉船事故占

0.40%，跳水事故占0.31%，水上摩托事故占0.22%，龙舟事故占0.22%，水滑梯事故占0.09%。从中可见，我国涉水风景区事故类型多样，有在游览过程或参加旅游活动的过程中出现的旅游安全事故，如漂流事故、温泉事故、冲浪事故等，也有因旅游者自身不当原因而造成的旅游安全事故，如意外落水事故，但事故类型主要集中在漂流、温泉、快艇、溺水以及游泳事故等5类事故上。总体而言，我国涉水风景区的旅游安全事故在类型上具有多样化、集聚化的分布特征。

表1　涉水风景区不同事故类型分布及其占比

单位：%

序号	事故类型	事故占比	序号	事故类型	事故占比
1	漂流事故	41.08	9	冲浪事故	0.72
2	温泉事故	11.96	10	竹筏/皮筏事故	0.63
3	快艇事故	11.29	11	香蕉船事故	0.40
4	溺水事故	10.53	12	跳水事故	0.31
5	游泳事故	9.68	13	水上摩托事故	0.22
6	意外落水事故	7.44	14	龙舟事故	0.22
7	潜水事故	3.90	15	水滑梯事故	0.09
8	水生生物袭击事故	1.52			

（二）涉水景区安全风险时空分布

1. 涉水景区安全事件的宏观时间分布

在旅游活动中，宏观的季度和月度时间与大气因素和景观表现因素存在直接的关联性，这使旅游活动表现出明显的淡旺季差异，由此引起的旅游者规模数量上的压力是导致旅游突发事件发生的重要原因。[7]从涉水风景区安全事故的宏观时间分布（见图2）来看，2010～2018年我国涉水风景区安全事故主要发生在每年的第三季度，其中第三季度共发生了1225起，占比高达54.88%。第一季度和第二季度分别发生了331起和437起，占比分别为14.83%和19.58%。第四季度共发生了239起，占比为10.71%。可见第三季度的安全事故发生频次最高，其占比超过了其余三个季度之和，为涉水风景区旅游安全事故的高发期。从涉水风景区安全事故的月度分布（见图2）来看，7月和8月是我国涉水风景区旅游安全事故发生频次和比率最高的月份，其占比分别为24.78%和25.27%，二者合计超过了50%。可见7月和8月是涉水风景区旅游安全事故的高发月份，这与涉水风景区旅游安全事故的季度分布具有高度的一致性。原因在于这些月份含有较长的公共假期，人们往往会选择在此阶段集体外出游玩，特别是在暑期期间，很多家长会选择与孩子一起前往涉水风景区参加各种水上娱乐活动。这种游客扎堆出游会造成涉水景区爆棚等旅游拥堵现象，不仅会加大涉水风景区景区的管理难度，也会导致景区的旅游环境承载负荷过大。此外，由于开展水上活动大多需要借助大型水上设施设备以及相关专业人员的操控和把握，而旺季持续的客流规模会导致涉水风景区的设施疲劳和人员疲劳，这无疑会增加涉水风景区的安全隐患。[7]由此产生的综合压力是导致涉水风景区在七八月份事故频发的重要原因。

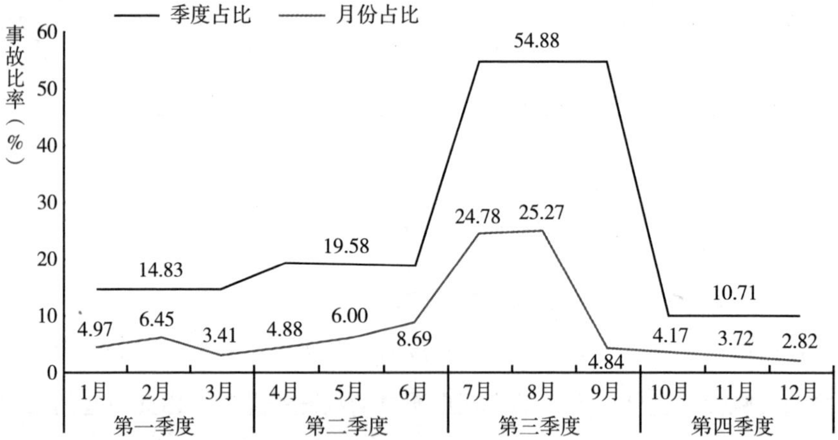

图2　涉水景区旅游安全事故季度与月份分布占比

2. 涉水景区安全事件的微观时间分布

从微观时段（凌晨：00：00～06：00；上午：06：00～12：00；下午：12：00～18：00；晚上18：00～24：00）的分布趋势（见图3）来看，涉

水风景区旅游安全事故的发生比率在全天当中大致表现出抛物线形的变化特征。其中26.43%的事故发生在上午，61.42%的事故发生在下午，并在下午时段达到一天之中事故发生率的高峰，随后事故的发生比率开始下降。而晚上和凌晨时段的事故发生比率则较低。可见下午时段是涉水风景区旅游安全事故的高发期，其占比超过全天时段的一半以上，同时上午时段也是涉水风景区旅游安全事故的一个小的高发期。说明在涉水活动的主要承载时间内，安全事故的发生比率较高，而在凌晨和晚上等开展涉水活动较少的时间内，安全事故的发生比率则较低。另外，我们以涉水风景区安全事故发生的整点时间作为统计时刻，分析其在一天24小时内的分布趋势。如图4所示，可以发现全国涉水风景区旅游安全事故在一天24小时的微观时间进程中呈现出双峰线变化，上午10时和下午15时为旅游安全事故的高发时间点，占比分别为7.89%和18.46%，其中又以下午15时发生比率最高，占全天所发生事故总量的将近1/5。另外，下午14时与16时的事故占比也都超过了10%，分别为12.68%和13.22%，可见下午14~16时为涉水风景区旅游安全事故的高发连续时间点。涉水风景区旅游安全事故在微观时段的分布特点有其内在的原因。旅游者在开展旅游活动时需要具体的时间予以承载，随着旅游活动的进行和时间的消耗，旅游者和旅游从业人员个人的体能、判断力等风险应对能力会出现衰减，其安全能力甚至会下降到无法应对风险的程度，并最终导致旅游突发事件的发生。[7]由于上午的10时和下午的15时都是旅游者开展水上活动最集中的时刻，一方面由于旅游者的身心放松和体能的消耗，其安全能力和应对风险的能力都会有所下降，另一方面由于旅游从业人员在面对游客集中开展旅游活动时会出现无法及时而全面地对相关隐患进行排查的状况，从业人员也会出现体能和应对风险能力的衰退。由此产生的综合因素是导致涉水风景区安全事故在上午10时和下午15时集中发生的重要原因。

（三）涉水景区安全风险空间分布特征

1. 涉水景区安全事故的地理区域空间分布

在我国，由于不同的地理区域具有不同的经济发展水平和旅游资源，旅

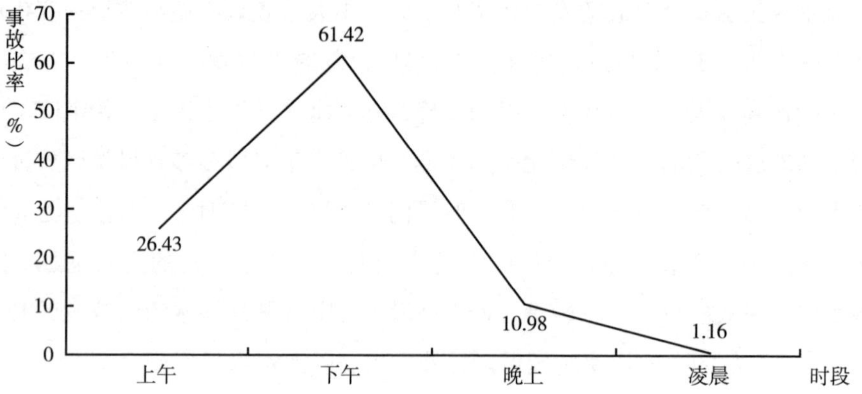

图 3　涉水风景区旅游安全事故时段分布

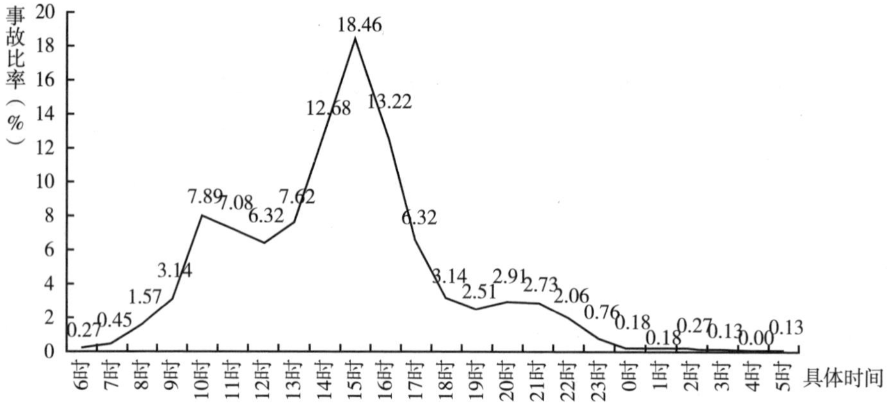

图 4　涉水风景区旅游安全事故整点时间分布

游基础设施与管理水平也各有差异，因此其总体的风险水平也具有差异性。从地理区域的空间分布（见图 5）来看，华南旅游区是涉水风景区安全事故发生最多的区域，事故发生比率高达 34. 67%，主要原因在于华南旅游区游客的人数规模较大，同时华南旅游区降水充沛，水系发达，这既造就了众多风景优美的涉水景区，同时也带来了较多的涉水风险。其次是华中旅游区，占比为 17. 70%；华北旅游区、华东旅游区与西南旅游区占比也都超过了 10%，占比分别为 13. 57%、15. 61% 和 10. 52%。事故发生较少的区域为西北旅游区和青藏高原旅游区，占比分别为 1.07% 和 0.06%。原因在于该区域可用于开发的涉水风景区有限，该类旅游资源较为缺乏，因此前来开展涉水类旅游活动的游客较少，涉水风险和涉水事故因此也较低。

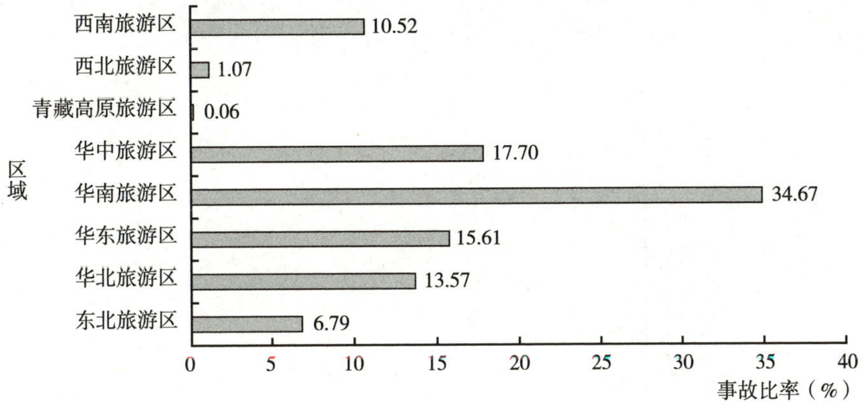

图 5　涉水风景区旅游安全事故的区域分布

2. 涉水景区安全事故的省域空间分布

通过对中国内地 31 个省、自治区、直辖市涉水风景区安全事故的发生省份进行统计（见图 6），发现涉水风景区旅游安全事故发生最多的省份为海南省，占比高达 15.50%；广东省紧随其后，占比为 14.76%；湖南省的涉水风景区旅游安全事故发生比率也超过了 10%。此外，涉水风景区旅游安全事故发生频率超过 5% 的省份还有浙江省（5.09%）、辽宁省（5.15%）、江西省（6.00%）、湖北省（5.09%）和河南省（5.83%）。可见在涉水风景区安全事故的省份分布上，南方地区的省份为事故高发省份。原因在于我国南方地区降水较多，水资源丰富，其中沿海省份海岸线漫长，拥有较多用于开展水上活动的天然资源优势；而南方地区其他的内陆省份地形以山地丘陵为主，而且河汊纵横交错，湖泊星罗棋布，如湖南的洞庭湖，江西的鄱阳湖等，都是用于开展水上活动的有利资源。这既给相应地区带来了旅游美景，同时也带来了较多的涉水风险与涉水事故。北方区域的涉水风景区安全事故多发省份主要集中在山东省（3.17%）、辽宁省（5.15%）以及河南省（5.83%）三个省份。原因在于山东省和辽宁省都位于沿海地区，属季风气候区，拥有较为丰富的降水，拥有天然的海岸优势；河南省则地跨长江、淮河、黄河、海河四大流域，同时也是国家特大型水利重点工程——南水北调中线工程——的核心水源地，因而这些省份用于开展水上活动的资源也较多，相应的涉水风险和涉水事故也随之增加。

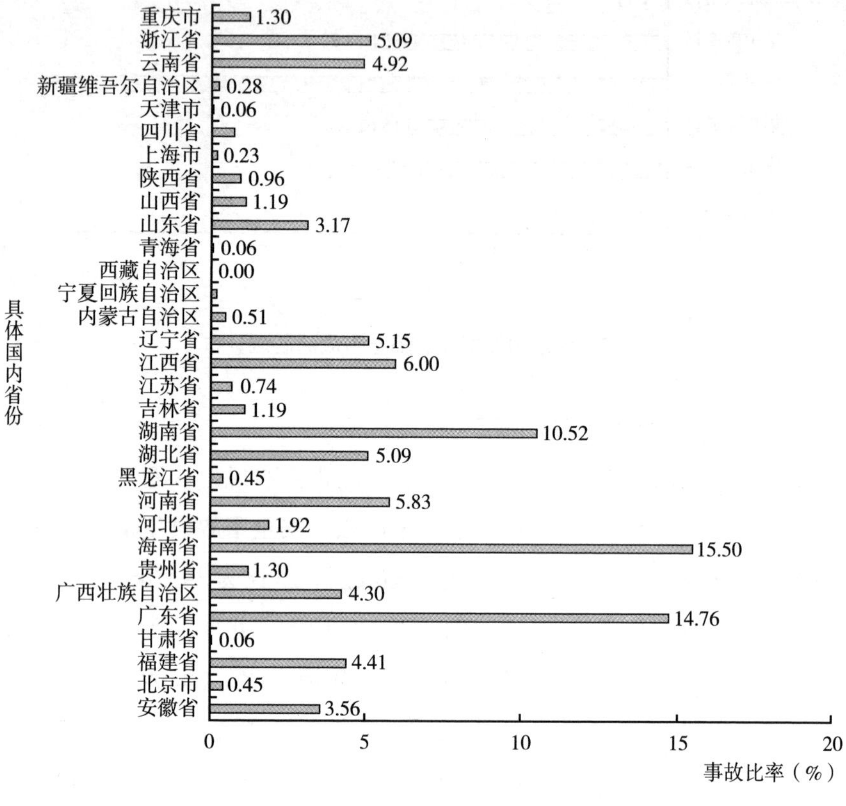

图6　2010～2018年国内各省、自治区、直辖市涉水景区安全事故分布

（四）涉水景区安全事故伤亡特征

1. 事故结果分析

在涉水景区旅游安全事故的结果上，可以按对旅游者的影响程度将事故结果分为6类，分别为：人员受伤、人员死亡、财物损失、人员失踪、人员滞留、其他事故结果。经过对旅行社责任险数据中的2232起涉水风景区旅游安全事故的统计（见图7）发现，涉水风景区旅游安全事故结果出现频率最高为人员受伤，占比高达40.96%；其次是财务损失，占比也同样较高，为33.02%；人员死亡和人员失踪的占比分别为6.10%和0.60%。可以看出，人员受伤和财务损失是当前涉水风景区面临的重大问题，而且都和旅游者的切身利益密切相关，因为人员受伤反映了旅游者的人身安全问题没有得到很好的保障，财务损失反映了旅游者的财产安全问题也没有得到很好的保障。游客在旅行的过程中，出现上述的任何一个事故结果，都会给旅游者造成严重的影响。

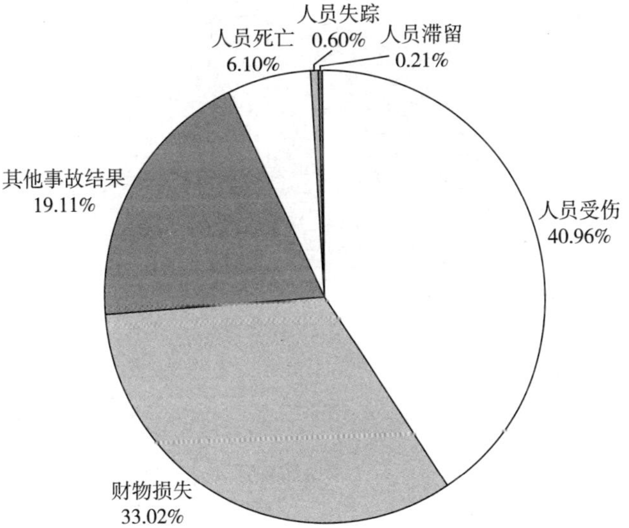

图7　涉水风景区事故结果分布

2. 事故伤亡特征分析

在涉水风景区旅游安全事故的伤亡特征上，可以按旅游者的受伤部位将事故伤亡特征分为五个大类和35个亚类。第一大类为头颈部位受伤，具体包括颅脑、颅骨、头皮、面颌、眼部、鼻部、耳部、口部、颈部等9个部位受伤；第二大类为躯干部位受伤，包括胸部、腹部、背部、腰部、脊柱等5

个部分受伤。第三大类为上肢部位受伤，具体包括肩胛部、上臂、肘部、前臂、手腕、手掌、手指等7个部位受伤；第四大类为下肢部位受伤，具体包括臀部、髋部、股骨、膝部、小腿、脚踝、脚跟、脚掌、脚趾等9个部位受伤；第五大类为内脏部位受伤，具体包括心脏、肝脏、肺部、肾脏、肠胃等5个部位受伤。通过对伤亡特征的统计（见图8）发现，出现频率最高的受伤情况为躯干部位受伤，占比高达41.70%，其次为头颈部位受伤和下肢部位受伤，占比分别为25.43%和20.85%。上肢部位受伤和内脏部位受伤占比分别为7.90%和4.12%。针对不同的受伤部位以及旅游者受伤较多的部位，涉水风景区应采取相应的措施来保障和维护旅游者的人身安全。

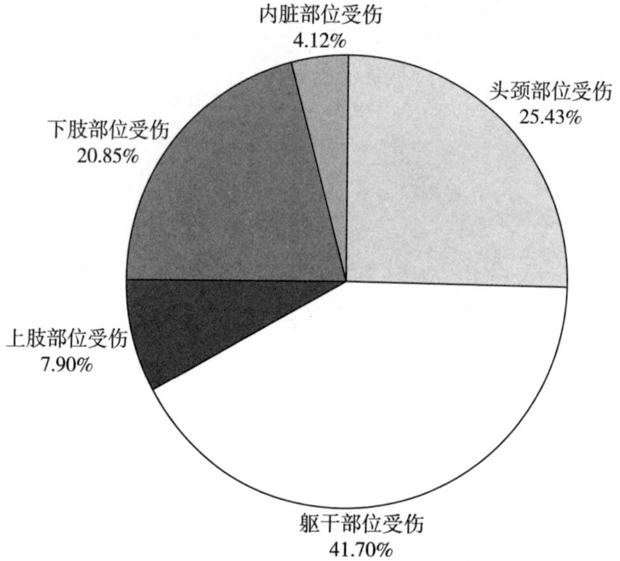

图8　旅游者伤亡特征分布

（五）事故成因分析

通过对涉水风景区事故原因的统计（见图9）可以发现，造成涉水风景区旅游安全事故最多的因素为环境因素，占比高达69.42%，其次为人员因素，占比为29.76%。设施设备因素和管理因素则占比较少，分别为0.76%

和0.06%。环境因素主要分为社会环境因素和自然环境因素，其中社会环境因素又分为游览环境因素和出行环境因素两类；自然环境因素主要分为大气环境、地质环境、海洋环境和道路环境四类。据统计，游览环境在社会环境因素中约占79.09%，出行环境因素在其中约占20.08%。在自然环境因素中，以大气环境和道路环境因素为主，其占比分别为69.23%和18.46%。原因在于我国地理环境复杂，而复杂的地理环境使我国成为世界上气象灾害种类多、灾情严重的国家之一。如2015年6月1日21时32分，重庆东方轮船公司所属“东方之星”号客轮由南京开往重庆，当航行至湖北省荆州市监利县长江大马洲水道时翻沉，客轮上共有454人，仅有12人获救，其余442人均不幸遇难。后经国务院调查组调查认定，“东方之星”号客轮翻沉事件是一起由突发罕见的强对流天气——飑线伴有下击暴流——带来的强风暴雨袭击导致的特别重大灾难性事件。该案件就是一起典型的由大气环境因素造成的旅游灾难事故。在人员因素中，以游客自身因素和旅游从业人员因素为主，二者发生频率在人员因素中各占一半。游客自身因素主要包括游客身体因素和游客安全技能因素，旅游从业人员的因素主要包括从业人员安全认知因素和从业人员的安全技能因素。此外，设施设备结构的损坏也是造成涉水景区安全事故的一个重要原因。

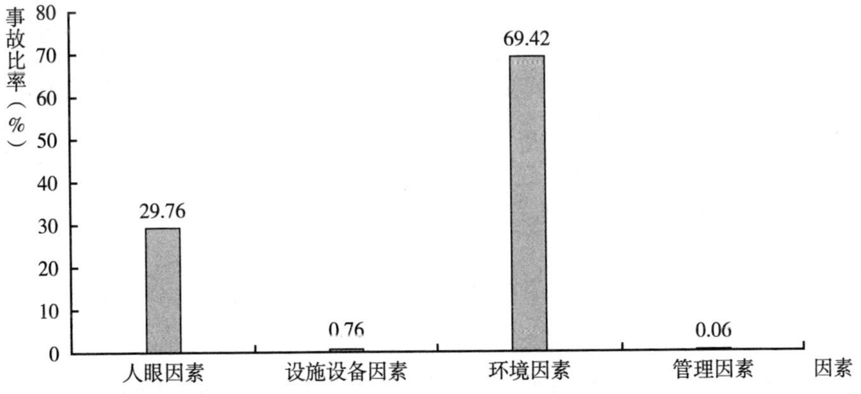

图9　事故原因占比分布

三　涉水风景区安全管理启示

（一）提高重点安全事故管控和应急处理能力

通过对涉水事故类型的分析可以发现，我国涉水风景区的安全事故在分布特征上具有聚集性，以漂流事故、温泉事故以及溺水事故为主，涉水风景区应该重点加强对此三类事故的防范工作。如针对最易发生的漂流事故，涉水风景区要加大对水上漂流项目的监管，对老化或者存在风险隐患的漂流设施进行更换与检修，确保漂流项目的安全开展。还要加强安全自助基础设施、安全救助基础设施等水上漂流基础设施的建设。在景区的溺水多发区设置危险警告牌，为旅游者提供明显的提醒与警示服务。加强景区周边以及景区内部的人员监管和人员巡逻，及时发现险情并且及时处理，确保旅游者的人身安全。涉水风景区应建立旅游安全事故台账，统计事故发生的类型、时间、地点等，形成景区安全事故案例库，构建出本景区的安全信息系统。要使本景区的旅游从业人员详细了解该地区的安全形势和安全状况，了解旅游安全事故的主要类型、高发时段与高发区域，为旅游景区的安全管理与安全应急工作提供决策支撑。涉水景区还要建立涉水风险监测机制，动态关注景区在运营过程中随时可能发生的各种风险状况。同时还要加强景区应急救援队伍建设，能够对景区突发安全事件进行快速处理，减少突发事件带来的危害。

（二）“因时”“因地”开展旅游安全防范工作

针对涉水风景区旅游安全事故发生的时间和空间上的分布状况，涉水风景区应有重点地加强涉水旅游安全事故的防范与控制，做到“因时制宜”“因地制宜”开展安全事故的防范工作。如从事故的微观时间分布上来看，涉水风景区应重点把握上午 10 时和下午 15 时两个安全事故的高发时间点，在该时段内加强人员的监管和控制，及时发现问题和处理问题；同时还要重点做好下午时刻旅游活动项目的保障工作，因为下午时段是涉水风景区安全事故的高发阶段。从事故的宏观时间分布上看，由于第三季度的安全事故占全年事故的一半以上，因此涉水风景区应该重点做好第三季度的安全事故防范工作。从事故的空间分布来看，华南旅游区和华中旅游区应加大对涉水风景区安全问题的监管力度，提高处理突发安全事故的能力。同时针对游客在短时间内的扎堆出游所造成的景区爆棚等拥堵现象，涉水景区要重点加强容量管理，实施实时动态监测游客流量、门票预约等方式，对景区的游客容量进行综合管理，确保景区在容量合理的前提下正常运行。

（三）加强各部门协调合作和综合监管

面向旅游者的应急响应、现场处置、实施救援等应急工作非单一的旅游部门或者某一景区能够完成的，需要各部门的协调合作与综合监管。对于大部分应急工作，旅游景区都缺乏足够的专业资源以及专业人才。因此涉水风景区要加强与多部门的合作，形成完善的旅游安全事故响应机制。要加强与应急、消防、公安、医疗卫生、交通等相关部门的安全协作，建立起各部门联动协作的旅游应急机制。涉水风景区还应加强对本景区高风险旅游项目以及风险事故高发区域的安全管理，尽量做到不发生安全事故或者将安全事故发生量减少至最低，一旦出现安全事故，涉水风景区应及时采取相应的措施来解决。

（四）加强涉水景区旅游安全宣传教育

人员因素是导致涉水安全事故发生的主要原因。因此，涉水景区要采取相关措施减少人员因素带来的危害。针对旅游者，一方面要提高旅游者对旅游项目的安全认知，如涉水风景区要告知旅游者在参与旅游项目时可能会出现的情况和风险，以及出现险情时应该如何应对和处理；另一方面要提高旅游者的安全技能，如组织相关专业人员对参加具有风险性旅游项目的游客进行安全技能培训。此外，针对高风险旅游项目，要告知项目活动对身体状况的要求。针对旅游从业人员，景区既要提高旅游从业人员的安全认知，加强对旅游从业人员进行安全宣传和教育；同时也要组织相关行业专家对从业人员进行安全技能再培训，加强旅游从业人员对突发事件的应对能力，以保障旅游者的人身或财产安全，促进旅游景区的安全稳定发展。

参考文献

[1] 甘枝茂、马耀峰：《旅游资源与开发》，南开大学出版社，2000，第49～78页。

[2] 丁枢、黄江涛：《水利旅游资源的文化内涵及开发思路》，《中国水利》2009年第2期。

[3] 王山磊：《旅游景区突发事件应急管理研究》，郑州大学硕士学位论文，2008。

[4] 谢朝武：《基于聚类和最优尺度分析的户外拓展运动的安全风险研究》，《旅游学刊》2011，26（05）。

[5] Leggat P A, Fischer P R. Accidents and Repatriation, *Travel Medicine and Infectious Disease*, 2006, 4 (3～4): 135－146.

[6] 谢朝武：《我国高风险旅游项目的安全管理体系研究》，《人文地理》2011年第26（02）期。

[7] 谢朝武：《旅游应急管理》，中国旅游出版社，2013，第9页。

[8] 王轶辰：《“东方之星”号客轮翻沉事件调查报告公布》，《经济日报》2015年12月31日第008版。

省（市）域发展报告

Provincial and Municipal Development Report

B.9
重庆市水利风景区发展报告

李 琛　李一恒*

摘　要： 重庆市水利风景区的建设与发展得益于其丰富的水利风景资源和科学的发展规划。截至2018年底，重庆市已建成水利风景区32处，其中国家水利风景区15处。各景区依托水利工程和天然河湖，注重水域环境保护和水生态修复，开展了多种多样的旅游活动，取得了较好的生态、社会和经济效益。

关键词： 水利风景区　重庆市　河长制

目前，重庆市已建成水利风景区32处，其中国家水利风景区15处。重庆市水利风景区以水库型、城市河湖型为主，其中水库型26处，城市河湖

* 李琛，北京联合大学副教授；李一恒，北京联合大学本科生。

型6处。各景区依托水利工程和天然河湖，注重水域环境保护和水生态修复，开展了多种多样的旅游活动，取得了较好的生态、社会和经济效益。

一 基础与现状

重庆地处内陆西南，位于长江上游，是国家中心城市之一，也是世界知名的历史文化名城。雄伟壮阔的长江三峡、璀璨多彩的重庆夜景、秀丽怡人的芙蓉江是重庆重要的旅游资源；纵横交错的河流、星罗棋布的水工程、风光秀丽的巴山蜀水构成了重庆市丰富多彩的水利风景区，彰显出形形色色的水文化。

目前重庆市共有129处水利风景区资源（见表1），包括已经建成的32处水利风景区（见表2）和97处潜在水利风景区（见表3），涉及33个区县。其中水库型100处，占总量的77%；城市河湖型15处，占总量的12%；自然河湖型8处，占总量的6%；湿地型5处，占总量的4%；灌区型1处，占总量的1%。

表1 重庆市水利风景区调查统计

区县	景区(个)	类型
万州	8	水库型
黔江	1	水库型
涪陵	2	水库型
沙坪坝	3	水库型、城市河湖型
九龙坡	5	水库型、湿地型
南岸	1	城市河湖型
北碚	5	水库型
渝北	1	水库型
巴南	2	水库型
江津	1	水库型
合川	2	水库型
永川	6	水库型
南川	3	水库型

续表

区县	景区(个)	类型
綦江	7	水库型
万盛	4	水库型
大足	3	水库型
璧山	5	水库型、城市河湖型
铜梁	5	城市河湖型、水库型
潼南	1	水库型
荣昌	5	水库型、城市河湖型
开州	4	城市河湖型
梁平	3	水库型
武隆	7	水库型、湿地型
城口	8	水库型
丰都	5	水库型、城市河湖型、自然河湖型
垫江	6	水库型、自然河湖型
云阳	3	水库型、城市河湖型
奉节	4	水库型、城市河湖型
巫溪	2	水库型
石柱	3	水库型、城市河湖型、自然河湖型
秀山	10	水库型、城市河湖型、灌区型
酉阳	3	水库型、湿地型
彭水	1	水库型

表2　重庆市现有水利风景区一览

序号	区县	现状水利风景区名录	类型	是否为国家水利风景区
1	大足	大足区龙水湖水库水利风景区	水库	是
2	黔江	黔江区小南海水库水利风景区	水库	是
3	武隆	武隆山虎关水库水利风景区	水库	是
4	合川	合川区双龙湖水利风景区	水库	是
5	江津	江津区清溪沟水库水利风景区	水库	是
6	璧山	璧山区大沟水库水利风景区	水库	是
7	潼南	潼南区从刊水库水利风景区	水库	是
8	石柱	石柱龙河水利风景区	城市河湖	是
9	南岸	重庆市南滨路水利风景区	城市河湖	是
10	开州	开州区汉丰湖水利风景区	城市河湖	是

续表

序号	区县	现状水利风景区名录	类型	是否为国家水利风景区
11	永川	永川神女湖水利风景区	水库	是
12	綦江	綦江区丁山水库水利风景区	水库	
13	合川	合川区白鹤水库水利风景区	水库	
14	大足	大足区化龙水库水利风景区	水库	
15	巴南	巴南区南彭水库水利风景区	水库	
16	奉节	奉节县大桠河水库水利风景区	水库	
17	渝北	渝北区两岔水库水利风景区	水库	
18	北碚	北碚区胜天湖水利风景区	水库	
19	梁平	梁平区盐井口水库水利风景区	水库	
20	万州	万州区登丰水库水利风景区	水库	
21	万州	万州区万年水库水利风景区	水库	
22	垫江	垫江县双河水库水利风景区	水库	
23	开州	开州三汇水库水利风景区	水库	
24	云阳	云阳县上游水库水利风景区	水库	
25	秀山	秀山县钟灵水库水利风景区	水库	
26	酉阳	酉阳县胜利水库水利风景区	水库	
27	南川	南川黎香湖水利风景区	水库	
28	武隆	武隆区阳水河水利风景区	水库	是
29	荣昌	荣昌区荣峰河水利风景区	城市河湖	是
30	璧山	璧山区璧南河水利风景区	城市河湖、湿地	是
31	丰都	龙河谷水利风景区	河湖型	是
32	奉节	平安湖水利风景区	水库型	

表3 重庆市潜在水利风景资源分类统计

类型	城市河湖型	灌区型	湿地型	自然河湖型	水库型
数量(个)	10	1	4	8	74
比例(%)	10	1	4	8	77

二 成效与问题

(一)领导重视，健全优化管理机构

长期以来，重庆市委、市政府高度重视水生态环境保护与旅游产业发展，为科学合理开发利用重庆市水利风景资源，保护水利资源和水生态环境，加强水利风景区建设与管理，重庆市成立了水利风景区评审委员会和水利风景区建设与管理领导小组办公室，由领导小组办公室负责统一指导全市水利风景区规划、建设与管理工作。同时，各有关区县（自治县）也相应成立了水利风景区建设与管理机构，明确了工作职责。

（二）注重规划引导，加强景区建设指导

当前是全面建设小康社会的决胜阶段，水利实现跨越式发展的关键时期，也是水利风景区建设发展极为难得的战略机遇期。2017 年，相关部门组织对全市水利风景资源进行全面调查，2018 年完成了《水利风景区发展总体规划（2018～2030 年）》的编制。本次规划分近期、中期和远期三个阶段，立足全市整体层面，从顶层设计上充分结合重庆各功能区域定位，注重空间布局的合理性，覆盖重庆市主城、渝西、渝东北、渝东南四个发展片区。规划要求水利风景区要不断优化类型结构，从现有的两种形态发展为五种形态，远期实现水库型、自然河湖型、城市河湖型、湿地型、灌区型五种形态景区齐头并进的美好愿景。

（三）落实河长制，全面加强河库管理

重庆市全面建立河长制，做到了组织体系和责任落实到位、相关制度和政策措施到位、监督检查和考核评估到位。一是书记、市长同任市总河长，市人大常委会、市政协主要领导及所有市委常委、政府副市长担任市级河长。全市设立市、区县、乡镇（街道）三级河长办 1060 个。设立四级河长、三级双总河长，共 1.7 万余名，实现河库“一河一长”全覆盖。二是市级制定《重庆市全面推行河长制主要任务分解》《重庆市河长制工作规定（试行）》等配套政策和《重庆市河长会议制度（试行）》等工作制度，各区县、乡镇全面出台中央要求的六项制度，做到相关制度和政策措施到位。三是将河长制工作纳入区县经济社会发展实绩考核和市级部门党政目标绩效考核工作，开展了覆盖所有区县的河长制工作全面督查，发现并督促整改相关问题，

各区县逐级建立河长制考核监督体系，做到了监督检查和考核评估到位。四是加强河库岸线监督管理与综合利用。重庆市组织先后开展了长江入河排污口专项核查行动、长江经济带固体废物大排查行动、涉河建设项目专项检查和污染源普查等专项行动，有力促进了河库管理保护突出问题的治理。

（四）合理整合资源，塑造精品景区

近年来，重庆市在对国家水利风景区申报工作加强指导的同时，着力突出水工程、水文化主题，着力打造精品景区，发挥示范作用。璧山区采取政府主导、社会参与的模式，引进企业投入20多亿元资金打造璧南河国家水利风景区，采取“河外截污、河内清淤、外域调水、生态修复”的模式，对又脏、又臭、又阻洪的璧南河进行全面治理，使原来的臭水河变成了碧波荡漾的生态型河流风景区，实现了“水清、河畅、岸绿、景美”的目标，成为一道亮丽如画、游人如织的水利风景线，提升了城市品质，受到各方赞誉。大足区利用龙水湖水利风景区和玉龙山森林公园两大自然资源，与世界文化遗产“大足石刻”交相辉映，将其打造成为集“温泉疗养、养生养老、生态度假、运动休闲、文化体验、生态人居”等六大体系于一体的中国休闲养生福地，为大足区龙水湖水利风景区增添了活力与光彩，开启了渝西旅游度假新篇章。开县汉丰湖水利风景区利用三峡水库消落带建成水位调节坝，着力营造良好水生态，改善了库区环境，提升了城市形象。丰都龙河谷水利风景区、武隆山虎关水利风景区着力将水利风景区建设管理与扶贫工作有机结合，为当地群众脱贫致富提供了优质资源和有效依托。

（五）存在的主要问题

一是水利风景区与其他森林公园、湿地等自然保护区存在范围重叠的情况，交叉部分监督管理职责不清，且水利风景区管理单位多依托水利工程管理单位建立，对工程管理范围以外区域缺乏管理维护手段，导致部分景区存在管护不力的现象。

二是部分地区对于水利风景区重视程度不够，思想认识不足，政策研究

不透，创建热情不高，存在“等靠要”思想，主动作为意识不强。

三是投入单一，景区建设同质化突出。区县财力有限，投入不足，水利风景区资源开发迟缓。对景区水利工程文化和区域特色文化挖掘、表现不够，部分景区建设缺乏特色。

三　形势与方向

重庆市应以水利风景资源分布为基础，以重要河流、湖泊和水利工程为依托，综合考虑重庆市的经济社会发展、生态环境、旅游发展基础与潜力等条件，并结合水利风景区建设要求，基于重庆市地理区位、水系分布等进行总体空间布局，构建“四片三带多点”的空间发展格局。

“四片”，即主城发展片区、渝西发展片区、渝东北发展片区、渝东南发展片区。

“三带”，即长江沿线发展带、嘉陵江沿线发展带、乌江沿线发展带。

“多点”，即规划分布在“四片”“三带”之上的众多水利风景区。

（一）加快规划新建一批精品水利风景区

加快规划建设一批精品水利风景区，发挥典型示范带动作用。重庆市应围绕水利风景区主题功能，结合本市资源特点和文化特色，统筹水利工程设计和建设管理，加快规划建设一批精品水利风景区，发挥精品工程的示范带动作用。

做好新建水利风景区资源调查与评估，推动资源有序利用。在摸清重庆市水利风景区资源的基础上，重庆市应根据本市经济社会发展需要，指导各区县编制完善水利风景区发展规划，做好资源价值分析，依据国家主体功能区规划和水功能区划的有关要求，确定各水利风景区的主体功能和建设发展模式，推动各区县水利风景资源的有序利用。规划的水利风景区涉及自然保护地的，应按照市政府相关文件依法依规进行，限制某些基础设施和游览服务设施的建设，重点应放在水工程保护和水生态环境治理与保护方面。

科学论证景区环境承载能力，保障资源持续利用。在水利风景区规划新建的过程中，重庆市应科学控制旅游项目开发和相关设施建设规模，保护好风景资源，根据各个景区的环境承载能力，划定风景区生态红线，控制风景区开发利用范围、方式和强度，调控好游客容量，保障水利风景资源的持续利用。

明确新建水利风景区管理主体责任要求，推动精品水利风景区建设。重庆市应充分发挥各区县地方政府的主导作用，整合相关资源，合理划定新建水利风景区范围，并依据景区主体资源情况，确定管理主体及责任要求，大力开展精品水利风景区建设，逐步优化全市水利风景区层级结构。

（二）着力改善提质重庆市已建水利风景区

围绕提升质量、树立品牌，进一步改善重庆市已有水利风景区配套设施，提升综合服务水平。重庆市已经建成了一批国家级、市级水利风景区，在以后的工作中应着力改善提升已建水利风景区，实现质量、品牌、社会影响力的稳步提升。已建水利风景区涉及自然保护地的，应按照市政府相关文件依法依规对一些基础设施和游览服务设施进行处置，发展重点应放在水工程保护和水生态环境治理与保护方面。

加强景区设施建设，提升综合服务能力。针对已建水利风景区在景区设施和服务能力方面的不足，重庆市在以后的发展中要完善景区设施建设，提升综合服务能力。紧密结合水利工程建设改造，不断改善交通、通信、供水、供电、排污等基础设施和卫生、餐饮、住宿、娱乐、科普教育等服务设施条件，按照国家制定的智慧水利风景区建设方向，完善游客咨询、环境解说、应急管理等系统，全面提高景区旅游服务质量和水平，提升综合服务能力。

加强景区水工程、水生态保护和生态修复，改善区域水生态环境。重庆市应推动已建水利风景区根据区域水资源条件、水环境状况以及河流水系分布和工程布局特征，因地制宜地采取工程与非工程措施，进行水生态修复和水环境改善。实施区域水生态环境综合治理，严格河湖水域岸线保护与管理，切实保障水利风景区涵养水源、保护生态的主体功能，重点加强地处水源地、江河源头区、水源涵养区、生态敏感区的水利风景区生态保护，建设相应的保护性基础设施、水安全监测设施、水环境治理与生态修复设施，提升景区在水工程及水环境保护、治理与监测等方面的能力。

创新资源开发利用模式，提高水利风景区综合效益。重庆市应正确认识水利风景区所具有的经济、社会、生态等综合效益，改变景区水利旅游的单一资源开发模式，将水利风景资源的保护和利用，与水生态文明建设、美丽乡村建设、山水重庆建设、乡村振兴等工作相结合，建立健全水利风景区投融资和运营管理体制机制，积极推动文化创意、学研科普等创新产业在水利风景区的发展。

（三）建立健全水利风景区建设管理体系

完善水利风景区管理体制机制，提升水利风景区资源保护与管理能力。重庆市应按照《水利部关于进一步做好水利风景区工作的若干意见》的要求，将水利风景区建设纳入有关水利规划及工程设计和建设管理工作中，推动各区县制定完善相关保护和管理的规章制度，明确水利风景资源保护的责任主体和管理职责。探索建立水利风景区优胜劣汰机制。

提升技术支撑能力，建立水利风景区信息化管理体系。针对水利风景区建设管理涉及的体制机制、运营管理模式和专项技术等关键问题，重庆市应开展专题研究，为水利风景区健康发展提供技术支撑。以互联网、物联网等信息技术为支撑，开展水利风景区资源环境监测和信息化数据平台建设工作，推动水利风景区监督管理信息数据库系统建设，建立水利风景区信息化管理体系。

（四）优化提升水利风景区运营服务体系

积极吸引社会资金，灵活采用股份制、承包经营、租赁经营等机制，探索经营机制的多元化发展。在水利风景区的建设过程中，重庆要坚持“政府主导、行业推动、社会参与”的实施原则，发挥市场机制的作用，广泛开辟资金来源渠道，引导社会资本，灵活采用股份制、承包经营、租赁经营等方式，探索水利风景区经营机制的多元化发展。

建立水利风景区运营服务相关体系标准，提高水利风景区餐饮、住宿、购物、娱乐等设施的服务水平。重庆市应根据餐饮、住宿、购物等服务业相关体系标准，结合重庆市水利风景区建设的相关实际情况，制定水利风景区运营服务相关体系标准，全面提高本市水利风景区的运营服务水平。

四　对策与建议

（一）创新管理体制机制

一是制定合理的规章制度。重庆各区县水利风景区管理部门要根据《水利风景区规划编制导则》要求，科学编制水利风景区总体规划与详细规划，根据自身实际情况研究制定发展水利风景区的具体政策措施，如水利工程、旅游观光等方面的政策措施。建立健全安全、生态保护、卫生、服务等各项管理制度，落实事故责任追究制度等各项责任制。规模较大的水利风景区要设立污水处理设施，确保达标排放；搞好垃圾、废物的存放、回收设施建设，保护生态环境。各级管理部门应履行好指导、协调、监督、检查的职责；水利风景区应落实管理养护费用：经营性水利风景区应充分利用资源和资产，提高经济效益，通过良好的经营、优质的服务，实现景区的长期良性循环；社会公益性水利风景区管理单位应取得当地政府的运行管理费用支持。

二是加强管理机构建设。水利风景区建设与管理是一项系统工程，涉及多个部门、多方面的工作。在全面推行河长制、湖长制的工作要求下，各级“河长”“湖长”和水行政主管部门要加强对水利风景区工作的指导，要有明确的工作机构，成立水利旅游发展工作指导委员会，各级党委、政府要建立相应的领导协调机构，把水利风景区发展列入重要议事日程，形成主要领导亲自抓、分管领导全力抓、相关部门具体抓的工作机制。

三是加大对水利风景区的奖惩监管力度。重庆市要按照水利风景区管理办法和水利旅游项目管理办法要求，加大对已经审批的国家和市级水利风景区的监督检查力度，对挂牌后的国家水利风景区实施动态监督，制定复查办法，定期、不定期地检查水利风景区规划实施和水资源保护情况，对水利风景区发展中的不符合规划要求、破坏水生态环境、影响水工程安全运行等违规行为进行严肃查处。同时，及时提出整改意见，限期纠正。通过检查通报、挂牌监办、取消风景区称号等手段，加强监管，查处各种违法行为，严防损害水资源、破坏水环境或影响水工程安全运行等问题的发生。设立水利风景区奖励基金，对申报成功的水利风景区以及经营有序、管理规范的水利风景区给予奖励。

四是强化外部协调机制。重庆市应充分发挥各级政府的统筹、协调、引导职能，建立运行畅通的机制，整合不同层次、不同产业、不同行业的各方面资源，动员协调各种社会力量共同关注、参与和支持水利风景区的开发与建设。积极与各地旅游局衔接，努力把水利旅游纳入当地旅游发展规划。

（二）搭建投资融资平台

一是拓宽资金来源渠道。应拓展多样化的资金渠道，包括中央及地方各级政府政策性专项资金补助、旅游专项补助资金、市场风险投资、银行融资、企业债券、投保融资等，同时积极争取国家政策性安排的中长期低息和贴息水利专项贷款，用于水利风景区建设项目。在保证政府对水利风景资源、水生态环境和相关公益设施建设的主渠道投入的同时，积极引进民间资本，广泛吸收社会资金。公益性景区由政府埋单，非公益性景区实行与外来投资者合作的形式，运用市场机制，多渠道、多层次筹措项目资金，形成多元化的投入格局。强化资金管理措施，保证投资成效，加强监督检查，确保资金发挥效益。

二是拓展主要投融资模式。应根据不同类型水利风景区的特点，选择不同的投资方向，逐步建立政府主导、水利部门监督、多渠道筹措资金的水利风景区建设投融资机制。公益性水利风景区以政府投入为主，非公益性水利风景区以市场融资为主，综合性水利风景区以“政府主导 + 多元投资”为主。

（三）加大环境保护力度

应建立健全水利风景区环境保护管理机制，加大对风景区水质、水域的保护力度。对景区依托的水利工程岸线综合利用进行规范。坚持节约和绿色发展理念，加强水土保持综合监管能力，提高水土保持信息化水平。水资源开发利用要高度重视对河流生态环境和地下水系统的保护，水资源配置要保障河流的基本生态环境用水要求，维持河道和地下水的合理水位。水资源利用要按照减量化、再利用、资源化的原则，加快建立水资源高效循环利用体系，提高水资源利用效率和效益，推进水资源可持续利用，努力形成节约水资源和保护水环境的产业结构、增长方式和消费模式，促进保护生态环境。加强水利风景区后期管护工作，落实管护人员、管护制度和管护责任，不断加强水资源管理的力度，减少水资源污染，出现污染时应及时进行处理。

（四）完善产业扶持政策

水利风景区建设是一项具有一定公益性质的事业，各区县可每年安排一定数量的专项资金用于水利风景区建设，并在土地、资金、税收等方面给予开发商、投资商一定优惠与支持。整合旅游、农业、商业、文化、民政等方面扶持资金，加大对文化旅游类微型企业的奖励扶持力度，具体奖励扶持金额由旅游局牵头相关部门共同确定。加大对旅游业发展用地的支持力度，建立健全旅游重点项目库制度，对纳入全市旅游产业总体规划的重点旅游项目采用“一事一议”的办法。协调有关部门，建立政府主导、部门协作的良性机制，在减免税收、合理定价等方面对水利风景区给予支持和倾斜。

（五）建立智慧保障体系

应根据现有科学技术发展创造的有利条件为水利风景区建设管理提供科

技服务，创新应用云计算、物联网、移动互联、大数据等新兴技术，围绕提升水利风景区管理决策能力、提高水利风景区运营效率、提升水利行业公共服务能力的建设需求，加强水利风景区信息化建设。积极整合利用地理信息系统（GIS）、遥感技术（RS）和全球定位系统（GPS）及现代通信技术和新媒体技术等，在水利行业信息化建设框架下搭建水利风景区信息化平台，统筹水利风景区信息化基础设施和成果，建成集水利风景区信息采集、共享、管理、宣传于一体的综合信息化体系，提升水利风景区的立体化监测、精细化管理、规范化监督和便捷化服务等能力。

（六）加强人才队伍建设

水利风景区建设涉及水文、生态、建筑、工程、园林、艺术、经济管理等多种学科，是一项跨学科、跨专业的系统性工程。重庆市水利风景区建设应与各科研机构、院校建立长期合作机制，建立专家库，有针对性地对各水利风景区发展提供决策支持。吸引高素质人才参与水利风景区建设与管理，健全对人才在基层、在水利一线创业的激励机制。推进水利单位岗位设置管理，优化人员结构。创新水利人才培养开发、考核评价、选拔使用、激励保障和引进等工作机制。加强组织领导和协调，推行分级管理、动态管理。建立激励机制和退出机制，实行动态监督管理。积极引进和培养专业人才，加大对相关人员的培训力度，将水利风景区建设与管理培训纳入年度培训计划，组织专家定期授课，开展培训工作，切实提高水利风景区建设与管理水平。

B.10

西安市水利风景区发展报告

刘 敏 王 凯 熊有璞 张宸铭*

摘 要： 西安市地处黄河、长江两大流域，是华夏文明的重要发祥地之一，悠久的水文化历史、众多的水文物古迹以及丰富的水文化建设成果为水利风景区建设与发展奠定了基础。近年来，西安市立足丰富的水利风景资源，积极践行习近平生态文明思想和“两山”理念，通过对水利风景区的科学规划与建设，目前已建成国家水利风景区 10 个，省级水利风景区 3 个，形成了“东有浐灞广运潭，西有沣河昆明池，南有唐城曲江湖，北有未央汉城湖，中有明清护城河”的城市水系新格局。同时，景区建设也存在资金投入、规划落实等方面的问题，其发展格局、管理机制体制、基础设施有待进一步优化和完善。

关键词： 西安市 水利风景区 水生态

一 基础与现状

（一）基础条件

西安位于关中平原腹地、渭河两岸，南依秦岭山脉，北靠渭北台塬，西

---

* 刘敏，北京联合大学旅游学院教授；王凯，南京市水利局原局长；熊有璞，北京联合大学旅游学院研究生；张宸铭，华北水利水电大学博士。

起太白山麓，东邻灞塬山地。2017 年 2 月，西安市正式代管西咸新区，全市总面积 10108 平方公里，总人口 1200 万。下辖新城区、莲湖区、碑林区、未央区、雁塔区、灞桥区、阎良区、临潼区、长安区、高陵区、鄠邑区 11 个市辖区以及蓝田县、周至县 2 县。

西安地处黄河、长江两大流域，属暖温带半干旱半湿润大陆性季风气候。因水资源总量不足，时空分布不均，开发程度不均衡。西安市境内河流除滑水河与旬河入汉江和南洛河直接入黄河外，其余河流均属黄河一级支流渭河水系，全市流域面积超过 50 平方公里的有渭、泾、灞、浐、沣、滈、潏、涝等 50 余条河流。

依托得天独厚的水资源优势，截至 2019 年，西安全市建成水库 93 座，堤防 1030 公里，66.67 平方公里以上灌区 3 处，节水灌溉面积增至 1512.1 平方公里，治理水土流失面积 1971.1 平方公里，拥有国家、省级水利风景区数量达 10 处，以占全省水利风景区数量的 14.93% 位居陕西首位。

（二）景区规划

党的十八大后，水利部高度重视水生态文明建设，并将水利风景区作为推进水生态文明建设的重要抓手。《水利部关于进一步做好水利风景区工作的若干意见》（水综合〔2013〕455 号）等文件为西安市水利风景区发展迎来了绝佳的政策环境机遇。西安市将水利风景区发展纳入了全市总体规划，根据《西安城市总体规划》（2008 ~ 2020），到 2020 年，全市湖池生态水面将达到 20.7 平方公里，湖池生态水面面积比例达到 2.39%。2012 年，西安市启动生态恢复“八水绕长安”工程，编制了《“八水绕长安”规划（2012 ~ 2020）》，聘请李佩成、王浩等 10 位国内水利专家对规划进行论证，奠定了全市水利风景区建设的基石。2014 年 12 月，陕西省水利厅印发《2013 ~ 2030 全省水利风景区发展规划》，要求西安打造“水绕长安、城景合一”的水利风景区，为全市水利风景区的发展指明了方向；2017 年，西安市召开全市水利风景区工作会议，随后启动《西安市水利风景区建设发展规划》。规划现状年为2017年；近期规划年至2025年；远期规划年至2035年。规划充分发挥国家水利风景区的辐射带动作用，依托父亲山——秦岭，母亲河——渭河，将“库、河、湖、池、渠”有机连通，着力打造“南山北水”防洪安全体系、水生态修复体系以及水景观文化体系，全面改善和提升城乡人居环境，形成水清、岸绿、景美、人水和谐的景区发展格局。2018年11月，西安市出台《关于深入学习实践习近平生态文明思想加快创建国家生态文明建设示范区的决定》，明确加快建设西安城市“库、河、湖、池、渠”连通的水系网络体系、防洪安全体系、水生态修复体系、水资源保障体系、水景观文化体系，加快渼陂湖、昆明池等的水生态修复，逐步恢复河湖湿地等水体的联通和自净能力，再现“八水绕长安”美景（参见图1）。

图1　陕西西安护城河水利风景区

（三）管理状况

作为区域水利风景资源管理者的市级水行政主管部门，西安市水务局于2011年12月以“关于水利风景区资产管理的一点建议”为题致信时任水利部主要领导，水利部高度重视，并在《进一步加快水利风景区发展的意见》中充分考虑西安市水务局所提建议，加大了国家财政资金对水利风景区建设的投入。在中央政府、省政府的大力支持下，西安市按照景区建设与工程建设有机结合的原则，争取建一项工程，成一处景区，成立了以市水务局主要领导牵头，主管副局长为组长，建设与管理处处长为副组长，组织人事、计划科技、水政水资源、水源地管理办公室为成员的水利风景区建设与管理领导小组。各县区也相应建立了机构，落实了管理人员。市辖省级以上水利风景区、市水利风景区均成立了工作领导小组。全市形成了“主要领导亲自抓、分管领导直接抓、责任处室合力抓、景区部门具体抓”的工作机制。

（四）发展现状

得益于渭河及其支流带来的丰富水利风景资源，西安城市发展需求与丰富的水利风景资源相结合形成了数量较多的城市河湖型的水利风景区（见表1）。尤其是近年来，在大西安、大水务、大发展的广阔视野下，西安市水利风景区建设不断加快。2015 年，西安市建成水利风景资源单体共 78 个，其中水库枢纽型25 个；自然河湖型10 个；城市河湖型28 个；湿地型8 个；水保型2 个；灌区型 5 个。2017 年底，西安市形成了涵盖水库型、城市河湖型、湿地型以及自然河湖型的水利风景区群落，城市河湖型占水利风景区总数的53. 85%；水库型占23. 08%；自然河湖型占15. 38%；湿地型占7. 70%，水利风景资源绝对丰度位居全省第一。

2019 年初，西安护城河、曲江池获评国家水利风景区，西安市国家水利风景区增至10 个，分别是汉城湖水利风景区、灞柳生态综合开发园风景区、翠华山水利风景区、灞桥湿地水利风景区、金龙峡水利风景区、世博园水利风景区、沣东沣河水利风景区、渭河生态水利风景区、护城河水利风景区、曲江池水利风景区；建成省级水利风景区 3 个，分别是浐河游览区风景区、栎阳湖水利风景区和蓝田县灞河水利风景区。近年来，各景区充分发挥自身优势与特点，强化景区管理，汉城湖水利风景区、世博园水利风景区以及灞桥湿地水利风景区等一批风景优美、历史悠久、亲水性强的水利风景区已成为西安市生态旅游的又一张名片。全市涉水旅游年接待游客上亿人次，取得了较好的经济社会生态效益。西安市主要水利风景区详见表1。

表 1 西安市主要水利风景区一览

单位：个

景区名称	国家级		省级			
	时间	批次	时间	审批数	晋升数	现有数
灞柳生态综合开发园风景区	2005.08	5	—	8	5	3
浐河游览区风景区	—	—	2002.10			
汉城湖水利风景区	2010.12	10	2009.11			
灞桥湿地水利风景区	2012.10	12	2011.12			
翠华山水利风景区	2012.10	12	—			
渭河生态水利风景区	2017.11	17	2012.12			
金龙峡水利风景区	2014.09	14	2013.12			
世博园水利风景区	2014.09	14	—			
沣东沣河水利风景区	2015.11	15	2014.12			
栎阳湖水利风景区	—	—	2016.12			
护城河水利风景区	2019.01	18	—			
曲江池水利风景区	2019.01	18	—			
蓝田县灞河水利风景区	—	—	2018.01			

二 成效与问题

（一）基本做法

1. 强力度推进景区建设管理

西安市水务局党组高度重视水利风景区发展，将加强水利风景区组织领导和机构建设作为推进景区发展的重要手段，成立西安市水利风景区领导小组，明确工作机构和职责，并提出“建一处工程，成一处景区，建一处景区，打造一个水生态亮点”的发展思路。按照全市景区发展规划，明确目标任务，将水利风景区建设纳入全市水利工作年度目标考核工作，明确发展方向与建设任务，制定了详细的考核评分细则，利用“静态”考核（文字材料）与“动态”考核（工作实绩）相结合的形式，每周上报进展，每月进行评比，对区县进行考核评分，定期召开工作座谈会，总结经验，分析形势，强化绩效监督管理，推进了全市水利风景区建设与管理健康发展。

2. 大格局推进景区设计布局

根据西安市《关于深入学习实践习近平生态文明思想加快创建国家生态文明建设示范区的决定》和国家中心城市建设，依据提出的“北跨、南控、西进、东拓、中优”的城市总体规划思路，对水利风景区进行点线布局，编制《西安市水利风景区建设发展规划》。一方面，将河流的线状布局与拉大城市骨架、拓展城市空间紧密结合。稳步推进渭河、黑河、灞河、浐河综合治理，形成“南有秦岭风光，北有渭水长流”的城市水景观格局。另一方面将湖池的点状特征与生态的辐射效应紧密结合。对周秦汉唐遗存下来的水遗址进行恢复；对近代形成的水面进行改造和提升。先后完成汉城湖、浐灞湖、渼陂湖、昆明池、灞渭桥车游湿地等水景观建设。近年来，全市累计建设生态水面6.3万亩与湿地面积3.9万亩，初步形成了流域相济、多线连通、多层循环、生态健康的水景观体系。

3. 多举措推进景区运营发展

建立健全了市、区县、景区三级水利风景区管理体系，形成上下通畅、三级联动的管理工作机制，各级不断适应新形势，转观念，补短板，提效能，有效提升了运营发展水平。

一是开放公益化。西安市对水利风景区实行开放式经营管理，将建设成功普惠到广大市民，通过运营景区商业经营项目，解决景区日常管理费用。

二是运营规范化。完善了各项管理制度，制定景区的日常管理和养护措施，建立了严格的监督、考核机制。

三是安全标准化。将景区安全管理作为水利安全管理的重要内容，强化安全标准，定期适时对重点水利风景区进行监督检查，确保西安市水利风景区旅游安全。

四是人员专业化。组织各水利风景区管理人员多次到先进省、市进行实地考察，定期组织各水利风景区管理、服务人员进行旅游业务技能培训，开展经验交流，通过人才队伍建设，提升西安市水利风景区服务水平。

4. 广宣传形成景区品牌效应

西安坚持把水利风景区宣传作为一项重要工作来抓，与电视、电台、互联网、报纸等主流媒体和社会机构广泛合作，高位、高层次推进景区宣传。大力发展水文化传媒，先后完成5集大型生态纪录片《恒润长安》、5集大型专题纪录片《浐灞长歌》，成功在央视播出，出版发行了《护城河》《汉城湖》等水利景区建设书籍；持续推进水旅游产业，汉城湖等水利风景区依托“西安年·最中国”等活动与国内外旅行社密切合作，多次赴成都、广州等城市推介交流，2011国庆对外开放以来，景区知名度持续攀升，2016年被评为中国旅游总评榜陕西分榜旅游服务优质景区；深入拓展水文化演艺，吸收整合国内外优势资源，通过挖掘华清池水文化资源，制作出享誉全国的《长恨歌》，累计接待游客500多万人次，收入上亿元，大唐芙蓉园水利风景区充分挖掘唐文化，制作大型梦幻诗乐舞剧《梦回大唐》，成为西安展示唐文化的重要窗口。

（二）综合成效

一是提高了生态质量。西安按照“长藤结瓜”的思路，通过打造水利风景区生态引水系统，推动了库、河、渠、湖池水系连通，使城区原湖池“一潭死水”变为清波荡漾的“活水”。全市8条主要河流的水质得到有效改善，渭河干流出境水质从劣五类变成四类，6条主要河流的入渭水质达到或接近四类水质；浐灞生态区周边负氧离子日均值为3505个/立方厘米，达到世界卫生组织清新空气标准的两倍。湖池湿地建设增加了生物多样性，城市周边鸟类已由过去的60多种增加到200多种，增加到3倍以上，许多春秋迁徙候鸟流连忘返，纷纷在景区“安家落户”，繁衍生息。

二是优化了城市布局。西安围绕城市规划和发展形态对水利景区水系进行点线布局，变“靠城发展”为“跟河发展”，进一步拉大了城市骨架，为城市提供了新的发展和生态空间。渭河生态水利风景区，通过堤、林、路、滩一体化建设，将西咸新区、经开区、渭北工业组团、浐灞生态区、国际港务区、秦兵马俑等6大新区有机连通，承担起了城市中心北移的历史使命；

沣河水利风景区承载起拉大西部城市骨架，带动西咸新区建设重任；浐灞河水利风景区已成为城市东部生态长廊，为区域经济发展互联互通提供了坚实的保障；昆明池承载起拉动西咸新区的发展重任，景区的建设使城市发展与各类水系水景水乳交融、相互呼应。

三是改善了人居环境。西安通过水利风景区建设，进一步加强了城市水生态修复治理和保护，人居环境更加宜居，建成的1030公里堤防，极大地提高了防洪标准，确保了城乡防洪安全；沿景区绿化构筑的生态屏障，为城市人均提高绿地面积约3平方米。湖池湿地为人均增加湿地面积3.68平方米、水面面积1.6平方米，秦岭生物多样性指数维持在63.39。几近干涸的渼陂湖、昆明池重现昔日水草丰沛、碧波荡漾、鸟语花香的盛景。城市地下水水位逐年回升，有效遏制了地裂缝和地面沉降等地质灾害，已倾斜的大雁塔逐步"改斜归正"，中央电视台、《人民日报》等国内多家媒体进行了宣传报道。水利风景区已成为市民居住、休闲、健身的新向往和绿色产业、绿色经济的增长极。

四是传承了历史文化。西安作为十三朝古都，其历史发展脉络均以水为主线，在水利风景区发展中，通过建设水文化工程、举办水文化活动、培育水文化产业等方式，建成了护城河南门示范段、曲江南湖、芙蓉湖、大明宫太液池等一批家喻户晓的水历史文化工程。使汉城湖水利风景区成为汉文化，曲江池水利风景区成为唐文化，护城河水利风景区成为明文化，渭河水利风景区成为山水文化保护与传承的重要载体，使源远流长、厚重大气的古都文明得以延续，形成了具有西安特色的水生态、水文化、水历史、水景区发展模式。

五是提升了城市形象。西安是中国最佳旅游目的地、全国文明城市之一。截至2017年，西安市共有A级景区92家，其中5A级景区3家、4A级景区28家、3A级景区48家、2A级景区13家。拥有两项六处列入《世界遗产名录》的遗产。其中，水利风景区建设成效明显，护城河示范段建成开放，实现了古城人民多年夙愿，成为广大市民和游客感受历史文化、展示城市形象的亮丽名片；浐灞生态区被评为"国家级生态区""国家级水生态系统保护与修复示范区"；汉城湖被评为"国家水利风景区"、"国家4A级景区”和“国家级水土保持示范园”。2016 年央视春节联欢晚会南门护城河分会场、中秋晚会大唐芙蓉园芙蓉湖分会场，将西安厚重大气的新形象展现在国内外观众面前。2018 年昆明池亮相央视“七夕晚会”，成为网民打卡胜地，西安市水景区、水生态建设再度惊艳国人。2013 ~ 2018 年，西安市旅游收入及旅游人数呈逐年稳定上升趋势（见图 2），其中，2018 年共接待海内外游客 24738. 75 万人次，同比增长 36. 73%，旅游业总收入 2554. 81 亿元，同比增长 56. 42%。据西安市旅游发展改革委员会统计，2018 年西安市元旦假日共接待游客 208. 23 万人次，实现旅游收入 7. 91 亿元。其中，大唐芙蓉园接待 1. 81 万人次，昆明池景区接待 8. 8 万人次，汉城湖水利风景区接待 11 万人次。以大唐芙蓉园、昆明池和汉城湖等为代表的西安市水利风景区对此贡献不小，吸引了大批游客到水利风景区体验和观光。

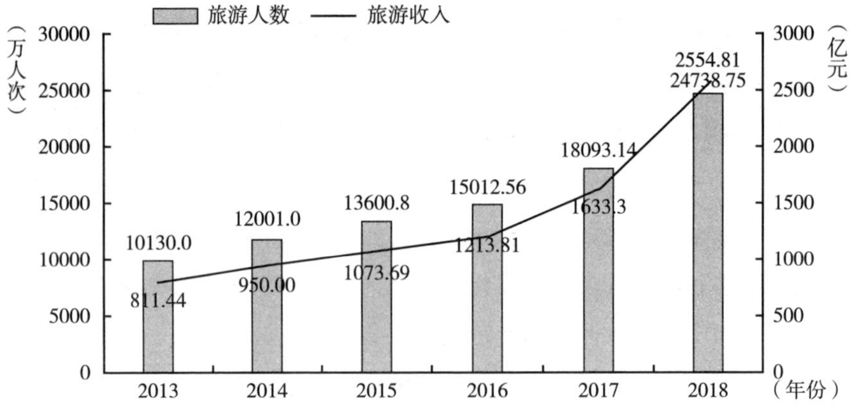

图 2　西安旅游数据统计

数据来源：西安市旅游发展委员会。

（三）存在不足

一是规划水平有待提高。部分水利风景区规划没有深入涉及城市布局、土地利用、生态保护、社会效益与经济利益的综合发展方向，没有进行科学的探讨和分析，存在规划不规范、开发定位不准、标准起点不高等问题，影响景区的长远发展。个别景区存在后置式开发方式，不仅增加了景区的建设成本，制约了景区的发展空间，导致水工建筑与景区设计不协调，不利于水利风景区的长久发展。

二是开发产品较为单一。个别景区在筹建过程中，结合自然地理条件不够紧密，水文化挖掘不够深入，景观设计风格特点不够鲜明，造成水利风景区的旅游项目产品单一，存在部分景区同质化的问题。

三是监管力度仍需加大。部分区县政府和水行政主管部门对水利风景区建设与发展的认识不足，在水利风景区发展中存在重建轻管的现象，在具体管理工作中还有工程管护、生态保护与景区开发脱节，对周边资源、文化整合不够等问题，在更高层次的建设和管理中还有很多工作需要探索和完善。

四是建设资金仍显不足。水利风景区具有社会公益性质，其建设需要以国家和地方政府财政投入为主，但目前水利风景区建设和管理没有列入国家财政投入渠道，地方政府囿于财力所限，缺乏应有的经费支持，建设资金投入不足，严重制约了水利风景区的发展。

（四）典型案例

1. 景区规划案例：汉城湖紧靠汉长安城遗址，有着丰厚的汉文化和丝路文化内涵。曾经由于长期接纳城市污水和城市雨洪，致使库底污泥淤积，库水污黑，环境恶劣，严重影响着汉长安城遗址的开发和保护，制约着新北城的建设和发展。

为保护汉长安城遗址，改善区域环境，提升西安北城品质，保障区域经济社会全面协调可持续发展，西安市委、市政府规划提出把汉城湖（团结水库）做成一个融入城市的汉文化、汉遗址、水景观相衔接的项目，策划并建设了一个长6.27公里、生态水面面积850亩、景观绿化面积1031亩、水库坝顶高程392.5米、坝前水深6米、总库容137万立方米的全新水景观项目。建成后的35处以水文化、汉文化、丝路文化为主题的旅游景点，不仅弥补了西安展示汉文化的空白，也使游客在享受水的愉悦、得到水的惠顾的同时，亲身感受到西汉的强大与繁荣，接受了汉文化的传播与熏陶。景区建成后，先后荣获国家AAAA级旅游景区、国家水利风景区、国家级水土保持科技示范园、中国环保科普基地等多项荣誉，累计接待游客3500万人次（见图3）。

图3　汉城湖景区

2. 发展理念案例：西安世博园水利风景区围绕“天人合一、创意自然”的理念，以打造时尚、动感、欢乐、健康的“西部第一园”为目标，集文化艺术珍品展示、珍稀动植物观赏为一体。先后建成了长安花谷、世界庭院、国际展园、国内展园、大师园和欧式风格小镇、东南亚风情街等异域风情体验区。在为游客提供大水大绿的优质生态景观资源、独具品位的文化艺术珍品，以及珍稀动植物外，还策划开发了丰富多彩的休闲度假项目和文化演艺活动，成为西部地区最大的婚庆产业基地、最具特色的生态游乐世界、具有江南水乡韵味的尚水街商业街区，常年开展音乐节、啤酒节、婚博会、全民健身大会等大型文化活动，形成了独有的发展特色。近年来，主打生态亲水体验的水上乐园等大型项目纷纷落户，使世博园成为广大市民及游客理想的旅游休闲度假目的地（见图4）。

3. 建设管理案例：渭河生态水利风景区将水生态、水景观、水文化、水科普及水安全设施建设纳入工程投资总体规划，立体治水，柔性治水。通

图 4　西安世博园

过多年建设开发，现已建成 300 年一遇防洪标准的生态堤防 28 公里和 176 座雁翅坝，堤顶宽 49 米，建成双向四车道堤顶道路、堤顶绿化和照明工程，堤外建成宽 200 米景观绿化带和 12 个人工湖，绿化面积达 15. 93 平方公里，水域面积达 3. 31 平方公里，为西安城区居民人均增绿 3. 52 平方米。在安全管理方面，景区针对战线长、面积大、蓄水深等特点，组建了一支 60 人的安保队伍，对景区进行 24 小时不间断巡查。在日常维护管理方面，通过制定并不断提高养护标准，有力推动了景区提档升级（见图 5）。

图 5　渭河水利风景区湿地公园

三　形势与方向

（一）发展形势

1. 全市宏观形势

西安市目前正处在历史上机遇最多的黄金发展时期。“一带一路”倡议、国家中心城市、国家全面创新改革试验区、国家自主创新示范区、陕西自贸区西安核心区和新一轮西部大开发等一大批国家战略在西安叠加推进。2018 年西安进出口总值的增速位列副省级城市第一，被联合国城市发展报告评为“2018 全球最具发展潜力新兴城市”，入选改革开放 40 年经济发展最成功 40 个城市。随着国家中心城市的稳步推进，西安的城市发展空间将进一步拓展，城市发展方式将不断创新，为推进水利风景区建设，修复城市绿肺，提供了更多有利因素和条件。

2. 旅游资源特点及发展形势

西安市水利风景区的旅游资源依照旅游资源种类主要分为地文景观、水域风光、生物景观、建筑与设施、旅游商品和人文活动六大主类。其中，地文景观以翠华山国家地质公园的自然山崩景观为代表；水域风光以渭河生态水利风景区为主；生物景观以各种花园、植物园为主；建筑与设施景观以汉长安城遗址、西安世博园为代表；旅游商品和人文活动以西安汉文化及以汉文化为主题的商品为主。

西安城市文化底蕴深厚，旅游资源丰富，区位优势明显，2017 年被国家旅游局认定为第二批国家级旅游业改革创新先行区。近年来，西安市精心策划“西安年、最中国”系列、唐都长安 1400 年等品牌活动，成功举办首届世界文化旅游大会、第三届中法文化论坛、全球创投峰会、全球程序员节等重大国际活动，接待海内外游客 2.47 亿人次，旅游总收入达 2554.8 亿元，增速位居副省级城市第一，成为国内十大热门旅游目的地城市之一。西安旅游业的蓬勃发展，给水利风景区的建设提供了前所未有的发展机遇。

3. 生态文明建设形势

党的十八大提出，建设生态文明，是关系人民福祉、关乎民族未来的长远大计，要把生态文明建设放在突出地位，推进“创新、协调、绿色、开放、共享”的新发展理念。2013 年水利部确定西安市为首批全国水生态文明城市建设试点城市。在此期间，西安市以建设“生态、宜居、人文、美丽”的水生态文明城市为总体目标，以实施生态恢复“八水绕长安”工程为主线，完成投资 202.39 亿元，系统开展了实行最严格水资源管理制度、水资源优化配置等 7 个方面、29 项建设任务和 10 项重点示范工程建设，完成了 25 项考核指标。2017 年 8 月，西安市水生态文明城市建设试点通过验收，一批水利风景区先后建成，“东西南北中相连、八水相济绕长安”的城市水系新格局初步构建。全国水生态文明城市的成功创建为进一步加快推进水利风景区水生态建设提供了有益的经验与遵循。生态文明建设功在当代，利在千秋。湖池水系连通工程建设，不断完善着城市水系新格局，加快了西安市打造“城在水中、水在城中、水韵长安”的美丽水生态环境的步伐。

（二）发展方向

西安市要贯彻水利部《全国水利风景区建设发展规划（2017～2025 年）》（以下简称《规划》），围绕西安建设国家中心城市和国际化大都市的奋斗目标，抓好西安市“十三五”水利风景区规划的实施，以国家水利风景区建设为重点，带动全市水利风景区合理布局、科学发展。在“十三五”期间要以满足人民群众对美好生活的向往为目标，围绕关中水系建设和“8 +5 +2”河湖水系治理，梯次推进对河流湖泊自然和文化资源的保护利用，有计划、有重点地建设一批亲水性强、特色鲜明、效益显著的精品水利风景区。至 2025 年，要基本解决水利风景区发展不平衡不充分的问题，基本实现县域有水景、市域有精品，形成布局合理、类型齐全、管理科学的水利风景区网络，实现水清、岸绿、景美、人水和谐的水生态治理目标，使水利风景区成为生态文明和美丽西安建设的示范窗口。

四　对策与建议

（一）对策

1. 在强化系统思维上下功夫

要贯彻执行新时期水利工作方针，认真践行“两山”理念，坚持“世界眼光、国际标准、西安特色、高点定位”的原则，用全面系统的思维来推进西安水利风景区发展。这就要求管理方既要把水生态文明理念纳入水利风景区规划、建设和管理各个环节，使水利风景区发展与城市生态景区建设相融合；又要遵循西安城市总体规划，按照以水定需、量水而行、因水制宜、系统规划的原则，将水利风景区建设与发展纳入全市整体发展规划，形成具有城市特色、提升城市品质的景区布局。

2. 在提升管理水平上下功夫

在“水利工程补短板、水利行业强监管”水利改革发展总基调的基础上，要找准西安水利风景区建设工作中存在的差距和短板，不断提高水利风景区的管理水平。景区运行管理单位要扎实履行自身的主体责任，通过不断改善景区交通、通信、供水、供电、排污状况，进一步提升水利风景区基础设施配套水平；通过完善卫生、餐饮、住宿、娱乐、科普教育等服务条件，进一步优化水利风景区旅游服务体系；通过完善安全规章制度，做好景区隐患排查与安全防范，进一步建立健全景区的安全管理体系。不断拓思路、想办法，把管理短板拉长为管理优势，把压力转化为动力，持续提升水利风景区品质。

3. 在丰富文化内涵上下功夫

要将西安独特的历史文化、水文化融入水利风景区发展与建设，不断发掘水利风景区特色亮点与主打品牌，积极开展历史文化与水文化主题设施建设，打造体现盛唐风貌的大唐芙蓉园、曲江南湖；弘扬好汉文化，打造灞渭桥景观工程，汉城湖天汉雄风广场、大风阁及丝绸之路博物馆；展示好明清文化，实现护城河水上泛舟。把建设与恢复不同历史时期的水文化、水景观融入水生态文明建设之中，使水利风景区达到生态效益、经济效益和社会效益的统一。

4. 在拓宽融资渠道上下功夫

要按照“争取中省的、用好政府的、看牢自己的、利用平台的、吸引社会的”资金筹措思路，多方争取资金，为水利风景区建设提供资金保障。争取中省的，就是利用一切机会，争取水利部和省里的资金支持；用好政府的，就是用好财政关于城乡供水、污水治理、生态治理、水源保障、人员工资等的每一项投资；看牢自己的，就是将水利基金用足、看牢、用好；利用平台的，就是做好水利风景区的规划，将其纳入政府的大规划，利用政府项目平台作为支撑；吸引社会的，就是拓宽投融资渠道，采取 PPP 等模式，广泛吸引社会资金投入水利风景区建设。

（二）建议

一是推进水利风景区与水生态的共建。通过加强景区环境综合整治、加强景观水体保护，维护景区生物多样性，将水利风景区建设成为水生态文明建设的重要抓手。

二是推进水利风景区建设与水文化相融。在水利风景区中融入历史文化元素、水文化元素，将水利风景区打造成为凸显水利文化的重要载体。

三是推进水利风景区与旅游业发展同进。通过与旅游部门联系与合作，进一步规范景区宣传和营销模式，形成市场合力，为水利风景区的持续、快速、健康、有序发展奠定基础。

参考文献

[1]《全国水利风景区建设发展规划》(2017～2025)，水利部。
[2]《陕西水利风景区建设与管理工作现状及对策研究》，2010，水利风景区建设调研组。
[3]《陕西省浐灞河流综合规划》(2011)，西安市人民政府。

[4]《陕西省水文化建设发展规划（2013～2030 年）》，2013，陕西省水利厅。
[5]《2013～2030 全省水利风景区发展规划》，2014，陕西省水利厅。
[6]《关于加快推进水利风景区建设的意见》，2016，陕西省住房和城乡建设厅。
[7]《关中城市群核心区总体规划》，2016，陕西省规划委员会。
[8]《陕西省水利风景区“十三五”发展规划》（2016～2020），2017，陕西省水利厅。
[9]《陕西统计年鉴》（2017），陕西省统计局、国家统计局陕西调查总队。
[10]《西安市水中长期供求规划》，2010，西安市人民政府。
[11]《西安市渭河流域综合规划》，2011，陕西省人民政府。
[12]《西安市湿地保护规划》，2012，西安市人民政府。
[13]《西安市水利志》，2013，西安市水务局。
[14]《西安市水文化建设发展规划（2013～2020）》，2013，西安市水务局。
[15]《西安市水生态文明城市建设试点实施方案》，2014，西安市人民政府。
[16]《西安市“十三五”水务发展规划》，2015，西安市水务局。
[17]《西安城市总体规划（2008～2020）》，2016，西安市人民政府。
[18]《西安统计年鉴》（2017），西安市统计局，国家统计局。
[19]《西安市节水型社会建设“十三五”规划》（2017），西安市水务局、西安理工大学。

B.11

巴彦淖尔市水利风景区建设管理的实践与创新

刘 敏　熊有璞*

摘　要： 巴彦淖尔境内的河套灌区是亚洲最大的自流引水灌区，其灌区系统是3000年来人类利用黄河的水利史的生动载体。巴彦淖尔市以文化标记完整为基础，打造国家水利风景区，以自然景观为依托，打造自治区级水利风景区，以历史文化遗迹修复为目标，确立水利风景区后续发展，以满足人民群众精神文化需求为目的，打造城市水系景观，已经建成水利风景区体系。其在建设过程中也总结出水利风景区要突出展示水利人的核心价值观、独特审美观和科学发展观的经验。

关键词： 巴彦淖尔　水利风景区　河套灌区

一　基础与现状

（一）基础条件

1. 地理区位

巴彦淖尔市位于中国西北地区内蒙古自治区中西部，位于黄河“几”字弯最北端，由举世闻名的河套灌区和乌拉特草原两部分组成。东接包头市，西邻阿拉善盟，南与鄂尔多斯市隔河相望，北与蒙古国接壤，是祖国

* 刘敏，北京联合大学旅游学院教授；熊有璞，北京联合大学旅游学院研究生。

北部边疆的重要城市。巴彦淖尔市属中温带大陆性季风气候，光照充足，热量丰富，年平均日照时数为3110~3300小时。昼夜温差大，气温日较差平均为13~14℃，宜于作物糖分和蛋白质积累，是盛产优质农产品的天赋之地。

2. 水文水系

巴彦淖尔辖区内的数亿年古湖孕育了至北黄河故道，这里的3000年垦殖造就了古老的河套灌区。黄河自东向西横贯巴彦淖尔市，是河套灌区的天然自流水源，年引黄河水量45亿立方米左右，素有“天下黄河，唯富一套”之美誉。

3. 人口产业

巴彦淖尔市是内蒙古自治区二级城市，是西部地区的新兴城市，该市总面积为6.44万平方公里，下辖七个旗县区（即临河区、磴口县、五原县、杭锦后旗、乌拉特前旗、乌拉特中旗和乌拉特后旗），总人口有174万人，11.35万人的蒙、回、满、达斡尔等29个少数民族聚居于此，其中蒙古族有8.08万人，占总人口的4.7%。

4. 水利工程

巴彦淖尔市的河套平原也是亚洲最大的自流引水灌区，对水利基础设施依赖严重。河套灌区建有以三盛公黄河水利枢纽工程和红圪卜扬水站为龙头的完整配套的七级灌排体系。有总干渠1条，干渠13条；总排干沟1条，干沟12条；分干、支、斗、农、毛渠（沟）道10.3万条，全长6.3万公里。拥有各类水工建筑物18.35万座，引黄控制面积1743万亩，灌溉面积900万亩。是世界上最大的一首制自流灌区，是国家和自治区的重要粮油生产基地。

（二）发展现状

1. 水利工程情况

“黄河百害，唯富一套”的河套平原是巴彦淖尔最主要的灌区，巴彦淖尔市对于河套灌区水利工程、水利基础设施的建设投资比重非常大。目前，河套灌区拥有各级灌排渠（沟）道10.36万条、6.33万公里，各类建筑物18.35万座，形成了比较完善的七级灌排配套体系。截至目前，河套灌区续建配套与节水改造工程累计完成投资32.5亿元，全灌区骨干渠（沟）道完好率由44.7%提高到61.3%，骨干建筑物完好率由53%提高到75%；灌区渠系水利用系数由0.42提高到0.48，综合效益显著。

2. 水利风景区发展情况

河套灌区拥有湖泊、沙漠、草原、山脉、禽鸟、河套文化、黄河文化等多种旅游资源，其中水利旅游资源包括湖泊、湿地、堤坝和水库等。目前内蒙古自治区共有25个景区被水利部水利风景区评审委员会评定为国家水利风景区，其中有4个位于河套灌区，分别为黄河三盛公水利风景区、巴彦淖尔市二黄河水利风景区、巴彦淖尔德岭山水库水利风景区和巴彦淖尔狼山水库水利风景区。2017年巴彦淖尔市旅游推荐会的核心主题为“八百里河套，塞上水乡、田园风光”，而主打品牌则为“草原水城、绿色巴彦淖尔”，可以看出水利资源在该区域旅游开发中的重要地位。河套灌区的水利开发历史悠久，从西汉的引水灌溉到当今的渠道衬砌、泵站改造等工程，水利资源的开发为灌区的农业发展和经济建设做出了巨大贡献。

3. 旅游发展情况

“巴彦淖尔”系蒙古语，意为“富饶的湖泊”。这里的河套平原分布着300多个大小湖泊，这里的乌拉特草原镶嵌着近百个山区水库，构成水利风景区的丰富资源。阴山壁立、岩画传奇、长河落日、大漠孤烟、葵海麦浪、鱼跃荷香、胡杨傲立、红柳争艳、芦苇起舞、枳几蹁跹等，构成了极致的水利景观。巴彦淖尔市委、市政府牢记习近平总书记“绿水青山就是金山银山”的教诲，注重发挥资源优势，狠抓水利风景区建设，目前已建成5个国家水利风景区，4个自治区级水利风景区，7个城市水系景观，成为巴彦淖尔市最亮丽的风景线，为全国人民呈现了塞外水城的绚丽画卷。该市针对旅游方面的开发尚处于起步阶段，以单一的水库型开发为主，近年来逐步向灌区型、城市河湖型和水土保持型扩展，功能也由单一逐步走向综合。

“十三五”以来，巴彦淖尔市聚焦生态文明建设，将“绿色崛起，塞上江南”作为发展战略目标。坚持做好水、绿、文化三篇文章，突出文化引领到位，着力提升景区品位，擦亮“天赋河套”品牌。2018 年巴彦淖尔市接待游客 664 万人次，同比增长 20.3%；实现旅游综合收入 68.4 亿元，同比增长 21.8%，带动了巴彦淖尔市的经济发展。

二　建设成效

水利风景区，是水利建设的高雅缩影、经典之作，必须赋予其文化之魂，必须使其成为传播水利文化的重要平台。这是巴彦淖尔市在水利风景区建设过程中形成的共识，也是巴彦淖尔市分层次、分批次推进水利风景区建设的重要依据。

（一）以文化标记完整为基础，打造国家水利风景区

巴彦淖尔是因水而生、因水而兴的地区，许多水利工程就是巴彦淖尔历史发展的重要标记。“十一五”以来，巴彦淖尔市优先选择完整性较好、在用的河套灌区一首制引水的奠基之作——黄河三盛公枢纽工程，巴彦淖尔引黄灌溉的大动脉——总干渠（当地俗称二黄河），灌排配套的基础性工程——总排干沟，申报国家水利风景区，一举获得批准，目前已成为市内外游客的至爱。

（二）以自然景观为依托，打造自治区级水利风景区

巴彦淖尔具有独特的地理景观，冰臼遗迹、喀斯特地貌、古老长城、荒漠湖泊、城市水系、风情民居等星罗棋布。“十二五”以来，该市选择条件较好的二狼山水库、润昇湖等 4 个景区成功申报自治区级水利风景区，并不断挖掘和充实文化内容，为申报国家水利风景区积极创造条件。

（三）以历史文化遗迹修复为目标，确立水利风景区后续发展

地处巴彦淖尔市的河套灌区，是拥有 2000 多年历史的古老灌区，至今

还保留着许多遗迹，是难得的水文化遗产。从“十三五”以来，该市着手修复、巧用政策开发乌拉河灌域的清代“公主菜园地”遗迹，产生著名歌曲——《鸿雁》——的牧羊海遗迹，北魏古渡口——三湖河黄河渡口遗迹，打造具有历史文化内涵的水利风景区。

（四）以满足人民群众精神文化需求为目的，打造城市水系景观

随着群众物质生活水平的提高，人民群众更期盼有风光秀丽、富含文化韵味、出行便利、免费开放的休闲娱乐场所。如表1所示，根据巴彦淖尔市的实际发展概况，当地市委、市政府将城市水景观列为建设重点，先后于各个区、旗县建设了水文景观，这些水文景观目前已成为当地居民最惬意的生活区。

表1　巴彦淖尔市水利风景区建设概括统计

所属区（旗县）/镇	景观名称
临河区	黄河湿地城市水景观
	永济渠城市水景观
	镜湖水源地城市水景观
磴口县巴彦高勒镇	南湖北海城市水景观
杭锦后旗陕坝镇	园子渠城市水景观
五原县隆兴昌镇	义和渠城市水景观
乌拉特前旗西山咀镇	大退水城市水景观

三　建设经验

水利风景区建设，必须把“水”凸显出来：必须有水利行业的鲜明特征，必须有水利情怀的充分展示，必须有水利文化的深入挖掘，必须有水利发展的导向昭示。这是巴彦淖尔市在水利风景区建设中不断深化的认识、不断完善的实践和始终追求的目标。

（一）水利风景区要突出展示水利人的核心价值观

水利风景区是水利文化的重要载体，文化的最高境界在于以文“化”人，根本目的就是要形成观众普遍认同的核心价值观。巴彦淖尔市紧紧围绕长期讨论形成的水利文化理念，在水利风景区建设中进行充分凸显。

1. 着力展示河套灌区发展的根本动力——“科学创新”

2000 多年的历史表明，河套灌区发展的根本动力是科学创新。晚清是河套灌区突飞猛进的发展期，根本原因是以王同春为代表的地商发明了土法测量技术，认识和遵循了河套灌区“西南高、东北低”的地形特点，实现了引黄自流。

巴彦淖尔市水利治理历程详见表 2。

表 2　巴彦淖尔市水利治理历程

治水历程	治水办法	取得的成效
引水	“取水口”	解决引水困难、渠道淤塞
灌溉	“梢轮口”	初步做到科学合理地利用水资源
水治理	王文璟的“草闸”	实现对水资源的人为管控
	冯曦的“包西水利辑要”	开启大型灌区系统管理的序幕
	“一首制”	实现从无坝引水到有坝引水的跨越
	灌区排水	实现从有灌无排到灌排配套的跨越
	灌区节水续建配套工程	实现从传统水利向现代化水利的跨越

巴彦淖尔市将这些闪光的历史节点，通过“二黄河国家水利风景区”内的黄河水利文化博物馆历史文献、设计图纸、规划报告、影像资料等文物进行了重点展示，还采用情景雕塑的方式再现了历史画面；通过“三盛公枢纽工程国家水利风景区”“二黄河国家水利风景区”“乌加河国家水利风景区”内的历史遗迹和水工建筑物，展现了河套灌区科技创新的轨迹和成果；通过导览词的编写与讲解，讲述了河套水利人生动的科技创新故事。让游客对河套水利人的治水智慧和创新追求有了深切的体会，激发了他们深入探究和再次游览的强烈欲望。

2. 着力展示河套灌区认同的审美取向——“吃苦耐劳”

在长期的水利建设管理过程中，河套灌区将能否吃苦耐劳作为衡量一个水利人是否合格的重要标准。就是这样一个标准，引导河套人民用锹挖肩担的原始劳动方式，开挖总干、干、分干、支、斗、农、毛七级渠、沟6.4万公里，开挖的土方用1米宽、1米高的方式堆砌，可以绕地球赤道37.3圈。通过对水利风景区内密如蛛网水系的游览，通过沿途景点各个时期劳动工具、生活用品、原始机械、简陋工棚的展示，通过听取亲身经历的老者绘声绘色地讲述“五级干部上前线，四级书记带头干，男女老少齐参战，全民大战总排干”的动人故事，游客会受到艰苦创业的心灵冲击，加深对“幸福的生活靠奋斗得来”的理解。

3. 着力展示河套灌区坚守的价值标准——“务实奉献”

水利是一个艰苦的行业，河套水利人能够一代接一代地坚守在水利行业上，就在于他们养成了“务实奉献”的高尚品德。晚清地商王同春个人投入1350万两白银开挖的渠道，被朝廷以3.5万两白银的补偿“报效”归官后，他仍无怨无悔地投入指导永济渠的疏浚中，74岁高龄跳入春季冰冷的黄河水施工，染疾而终。从同治到光绪年间，他独立投资开渠5条——刚济渠、丰济渠、灶河渠、沙河渠、义和渠，又与人合伙开渠3条——通济渠、长济渠、塔布渠，这就是清末后套的“八大干渠”。开挖杨家河，是民间开发河套灌区的一个极为艰辛和悲壮的举动，杨氏一门，身心倾注，经历了10年筹备、10年挖河、10年配套的漫长曲折过程，终至功成。其间，杨满仓、杨米仓和杨茂林、杨春林两代四人积劳殉职（见表3）。

表3　河套灌溉区不同运河渠段修建情况

年份	主要修建人	运河段名称
1873年	王同春	通济渠(原老郭渠)
1881年	王同春	义和渠
1890年	王同春	丰济渠
1891年	王同春	沙河渠
1903年	王同春	灶王河、刚济
1917年	杨米仓、杨满仓两代四人	杨家河

新中国成立后，一批来自清华、北大著名院校的学子，扎根在地处穷乡僻壤的河套水利单位，不仅牺牲了自己美好的爱情，而且所有的子女因缺乏良好的教学条件，恢复高考后没有一名进入高校，用难以想象的牺牲精神，践行了“献完青春献终身，献完终身献子孙”的豪言壮语。20 世纪六七十年代的巴彦淖尔市水利局总工程师陈靖邦，踏遍了临近河套灌区的每一条山川，在水利工地上随便抓起一把石沙，就能准确判断来自哪条山沟的哪个段落，储量还有多少。但他没有给后人留下一张遗照。巴彦淖尔市结合水利风景区中他们的遗作（水利工程），通过导游向游客讲述一个个感人的故事，通过编写中小学生水利风景区游学教材——《河套治水人物故事汇》，使游客对河套水利事业、河套水利人肃然起敬，让热爱祖国、爱岗敬业的种子植入全市中小学生的心田。

4. 着力展示河套水利人鲜明的性格特征——“睿智豁达”

对河套水利人睿智的展示，主要是表现其大智若愚，深谋远虑，利用一切资源办成、办好水利事业。如：拟修复的“公主菜园地水利风景区”，利用水利工程遗迹与文献相结合的方式，再现乌拉河灌域商人杨凤珠以照顾阿拉善王爷迎娶的清朝公主喜食蔬菜的习惯为由→借以开发乌拉河灌域→实现牧民粮食自给、结束内地奸商欺诈的历史→蒙汉融合、经济繁荣的历史过程；对豁达的展示，主要是讲述河套水利人守得住清贫，耐得住寂寞，忍得住欲望，受得了委屈，筑得牢梦想的故事。让观众触摸到了河套水利人“位卑未敢忘忧国”的情怀和“振兴中华，舍我其谁”的责任感、使命感。

通过上述努力，景区拉近了与游客的情感，形成了与游客的共鸣，满足了游客的审美，触动了游客的灵魂。行政单位把水利风景区作为党建工作的载体，当地驻军把水利风景区作为思想政治教育的基地，大中小学把水利风景区作为品德和理想教育的课堂，企业和家庭把水利风景区作为员工和子女立德励志的场所。

（二）水利风景区要突出展示水利人的独特审美观

巴彦淖尔市在水利风景区规划、建设中深刻的感悟和成功的探索，就是水利风景区文化的独特卖点在于展示水利行业的特色与充分体现水利人的独特审美观。巴彦淖尔市水利风景区美景见图1～图6。

1. 展示水利的宏大之美

水利行业涉及面广，控制范围大，以宏大感染人、鼓舞人、吸引人的眼球是鲜明的文化特征。建设“二黄河水利风景区”，亮点就选在其依托的主要水利工程——总干渠，它宽阔汹涌，状似黄河，气势恢宏，当地人俗称“二黄河”。核心区为总干渠一闸枢纽至先锋桥，河面宽250多米，长40公里，水体面积8.4平方公里。为此，管理部门将景区自上而下划分为历史文化区、生态环保区、科普休闲区，并设置了历史遗迹、长河日出、在河之洲、莺歌燕舞、渔家灯火、蒙古大营等景点和游览形式。还借助与黄河平行、相距不过两公里的地理位置，开辟了巴彦淖尔黄河段特有的流凌景观，即冬、春两季黄河冰封、冰融时节那种石破天惊、排山倒海的壮丽景观。通过这些文化元素，游客切身感受到河套水利人宽广的胸怀、深沉的情感、奔放的性格和重大的使命。

图1　夕阳下的“二黄河”

图片来源：内蒙古河套灌区管理总局，下同。

2. 展示水利的文化之美

一部巴彦淖尔市史，究其实质就是一部水利史，巴彦淖尔水文化底蕴深厚，因此，在水利风景区建设的同时，考虑设置了博物馆、展览馆。其中在“二黄河国家水利风景区”内建设的黄河水利文化博物馆，是市政府批准成立、自治区文物局登记备案、内蒙古河套灌区管理总局代管、具有独立法人资格、向社会免费开放的公益性研究类博物馆。由主馆和“节水科技展厅”两处展陈场所组成，占地35000平方米，展陈面积3500平方米，另开辟专业水平的学术报告厅和演播厅。开馆5年来，始终保持日接待游客1000人以上的水平，累计接待中外游客170万余人，已成为旅游团体、厂矿高校、外国友人、党政要员、企业巨子、专家学者、社会名流到巴彦淖尔观光的必选之地。“德岭山水库国家水利风景区”“二狼山水库国家水利风景区”内还包含了秦汉长城、匈奴古城、塞上奇石林、同和太草原、风蚀冰臼地质公园、呼仁敖包岩画、旅蒙商道、蒙地汉租水利工程遗迹等景点，营造了浓郁的历史文化氛围，大大提升了水利风景区的品位和影响力。

图2　黄河水利文化旅游景区美景

3. 展示水利的自然之美

巴彦淖尔市的水利风景区有其独特的优势，那就是拥有塞外独有的植物资源，因此将其作为写意景观在解说设计中大力渲染。二黄河两岸有成片素以耐久闻名于世的胡杨林。胡杨不仅以“活着千年不死，死了千年不倒，倒了千年不朽”的雄姿矗立在岸滩和河堤上，而且一棵树上会有几种不同形状的叶子，以适应不同的水文年份。即使秋叶凋零，胡杨也如同枫树一样，用晚霞般的绚丽写尽塞外的悲壮与苍凉。它正是河套水利人非凡敬业美德的真实写照。红柳则以其文化特质展现了河套水利人的性格之美。

图3 “最美河流杨家河”图

（三）水利风景区要突出展示水利人的科学发展观

水利风景区作为一种经营实体，更要刻意在造福当地人民、提升国民素质、构建人水和谐、促进可持续发展方面有所作为，在经济建设和社会进步中发挥重要的作用。这是巴彦淖尔市在水利风景区规划、建设中的认识深化与视野拓展。

1. 展示水利行业的发展智慧

水利风景区作为一种优质资源，不仅要满足人们的精神文化需求，更要成为造福当地人民的载体。巴彦淖尔市在水利风景区规划、建设中，坚持与旅游产业紧密结合，打造了以乌拉特草原、河套灌区两大片，总干渠、总排干两条线为构架，串联各个水利风景区的黄金旅游线路。目前已带动起100多个农村文化大院，300多个农家餐饮店铺。同时，大力开发当地特有的苁蓉、枸杞、葵花籽、河套优质面粉及蒙古族食品、饰物等旅游产品，开辟了一条新的致富之路。统筹利用文化资源，由巴彦淖尔市财政支持，全面进行了不可移动文物普查，按计划、分步骤地进行了修复和开发利用，充分挖掘水利风景区的文化内涵。进一步丰富以被列入国家非物质文化遗产的“二人台”“打座腔”“漫瀚调”为形式的反映河套水利建设历史的传统剧目，推出“猪肉烩酸菜”“手把肉”“河套酿皮”等地方名吃，为水利风景区打上了鲜明的文化印记。利用河套灌区是中国灌区协会副会长单位的优势，与水利部长江水利委员会、宁夏水利厅等单位及国内其他水利风景区签订互助协议，互相介绍游客，扩大业务往来，加强了水利风景区的宣传与交流。

图 4　游客观光旅游图

2. 展示水利行业的科技成就

水利是技术构成较高的行业，科学技术成果是其一大亮点。为此，巴彦淖尔市注重在水利风景区中展示水利科技成果，普及水利科技知识。对黄河三盛公枢纽工程、总干渠先锋桥、狼山水库等标志性水工建筑物，除强化其宏伟壮丽的景观效果外，侧重从力学、美学和结构工艺等方面进行通俗易懂的讲解，唤起人们对水利科学的崇敬与热爱。为了让中小学生直观地了解深奥的水利科学，在内蒙古河套灌区管理总局办公大楼一楼专门开辟了 500 平方米的节水科技展厅，自主开发了 27 项科普模型。“水的三种形态转换模型”利用雕塑和声光电技术组合形式，形象逼真地再现了降雪、水汽蒸发、降雨三种自然现象，演绎了水的固态、气态和液态的转化过程。“土壤盐碱化治理模型”将内蒙古河套灌区自主研发的土壤盐分运移规律、明沟排水、暗管排水、竖井排水、短沟小站5项科技成果直观地进行了展示，收到了很好的示范效果，并获得了国家专利证书。展厅通过对老式和新式水龙头、马桶、洗衣机的剖视，使观众一目了然地掌握了新型节水器具采用的科学技术原理。展厅还注重在科普游戏的开发上动脑筋，想办法。“水利元素组合电子墙”将各种水工建筑物和水生动物图标置于电脑触摸屏上，通过手指滑动进行组合，实现了同学们开发灌溉、发电、养殖、航运等水资源功能的奇思妙想。展厅开发了“水利科普知识电脑擂台赛模型”“巴彦淖尔市水资源配置模型”，实行常年积分制竞赛，分别设置月冠军馆长奖，季冠军局长奖，年冠军市长奖，广大中小学生和社会各界踊跃参加。巴彦淖尔市每年还组织10万名中小学生开展节水教育社会实践活动，设立在水利风景区内的黄河水利文化博物馆，被水利部、教育部、全国节约用水办公室评为“全国中小学生节水教育社会实践基地”、“国家水情教育基地”和“全国中小学生研学教育基地”。

图5　水产养殖图

3. 展示水利行业的环保理念

由于有水利工作者的精心管护，水利风景区是巴彦淖尔市最完好的生态区。目前，景区内有200多个植物物种、150多个野生动物物种和50多个水生物物种，这是一笔最宝贵的财富。在巴彦淖尔水利风景区内，景观建设力争维持原貌，设施建设要进行严格审批。尽量采用水力发电和太阳能清洁能源，鼓励采用步行和自行车游览方式，严禁机动车辆进入。景区对核心区的游览人数和批次间隔进行严格控制，将环保贯穿于景区规划、建设、管理的始终。通过水利风景区，突出展示水利人应有的家国情怀和社会担当！

图6　乌梁素海湖区天鹅

参考文献

[1] 巴彦淖尔市人民政府网：《河套文化》，http://www.bynr.gov.cn/ztlm/tfht/dt/pstjgs/201810/t20181010_227777.html，2018－10－10。

[2] 内蒙古河套灌区管理总局：《河套灌区第二届职工摄影展“魅力二黄河”》，http://htgq.gov.cn/Item/Show.asp?m=1&d=15476，2018－5－9。

[3] 巴彦淖尔市人民政府网：《大美乌梁素海掠影》，http://www.bynr.gov.cn/

lyfw/swfg/201410/t20141030_ 104490. html，2018 - 2 - 28。
［4］杜丹：《农村水利基础设施供给研究：以巴彦淖尔市为例》，西北农林科技大学硕士学位论文，2016。
［5］张琼、王蓉莲：《规划水资源论证报告编制要点综述：以巴彦淖尔经济开发区规划水资源论证为例》，《内蒙古水利》2016 年第 10 期。
［6］刘海英、张悦、付丽娜：《河套灌区水利旅游资源开发潜力评价及发展对策研究》，《北方经济》2017 年第 10 期。

景区发展报告

Case Studies

B.12

安徽宿州新汴河水利风景区发展报告

陈 菁　袁 静　魏建华　王欣苗*

摘　要： 新汴河水利风景区自2014年开始建设以来，以基础工程为骨架，重视对文化元素的梳理与融合，致力于生态环境的修复、保护与建设，各时期均组建高效合理的管理机构，力争将新汴河建设成为自然风光旖旎，生态环境绝佳，文化元素丰厚，空间功能多元的水利风景区。其建设成效突出，辐射效应明显，经验启示值得推广。

关键词： 水利风景区　宿州新汴河　水文化

* 陈菁，河海大学农业工程学院副院长、教授；袁静，水利部综合事业局办公室副主任；魏建华，宿州区政协主席；王欣苗，水利部综合事业局工程师。

一 景区概况

新汴河国家水利风景区位于安徽省宿州市城区，全长15公里，规划面积24平方公里，主景区长4公里。2014年获批安徽省水利风景区。2016年8月被水利部批准为国家水利风景区，属城市河湖型水利风景区。获批国家水利风景区以来，接待国内外游客近两百万人次，已成为宿州广大市民休闲的必去之处。

新汴河国家水利风景区将汴河文化和宿州千年历史文化嵌入景区建设中，使其变成一座集自然、历史、人文于一体的博物园。景区由“一点两线”构成（见图1）。

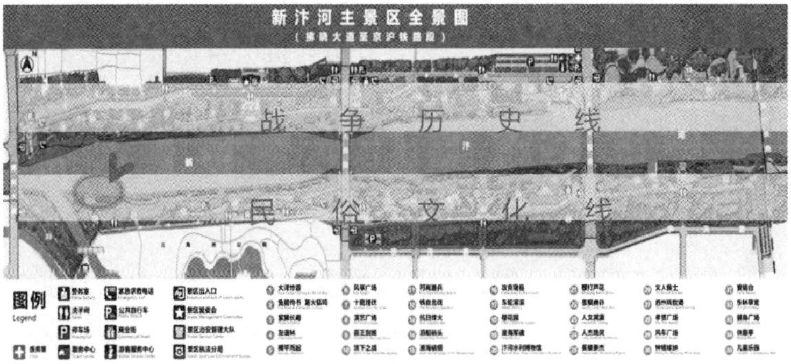

图1 新汴河全景

“一点”即新汴河源头的大型标志性雕塑建筑“远航”，以此建设的汴河博物馆，也是一座讲述水利史和水文化的博物馆，是新汴河水利风景区的灵魂所在。

“两线”则是通过建设绿色长廊，形成新汴河两岸风光带，进而巧妙利用风光带布置景观节点，形成的北岸战争历史线和南岸民俗人文线。北岸通过13个节点广场，展现了宿州境内影响中国历史进程的重大战役。南岸12个广场，通过古汴遗韵、人杰地灵、艺苑民风三大板块，深度再现了宿州古朴庄重、源远流长的人文和民俗文化。

二 发展历程

1. 建设背景

随着经济发展和城市化水平的不断提高，人们对生态环境、文化休闲的需求日益显现。宿州市市区建成面积85平方公里，人口85万，在新汴河水利风景区建设前，市区没有一个综合性的大型滨水公园。对此，市委市政府顺应民意，科学用水，以新汴河城区段治理为契机，将水利工程建设与水生态环境治理、人居环境改善、生态旅游、水利科普结合起来，以打造皖北地区亲水宜居城市为目标，在坚持“过流能力不减少，5年一遇除涝水位和20年一遇防洪水位不改变，百年一遇堤防高程及航运能力不降低”的原则下，利用“淮水北调”以及新汴河水利工程的重建、维修、提升等，保证城区河段水源充足、水质优良，在此基础上建设宿州新汴河水利风景区，打造独具滨河特色的风景长廊、生态长廊、文化长廊和休闲长廊，实现由传统单一治水向综合治水、生态治水和民生治水转变。

2. 历史沿革

汴河是隋唐大运河的一段，又称通济渠，是唐宋时期东西主要运输通道。隋朝置宿州，宿州城沿河而建，因漕运而兴，是当时的军事和交通重地。北宋末年，因连年战乱和黄河夺淮入海，汴河逐渐荒废，失去作用。历代河南、安徽、江苏汴河沿线区域一直受水患困扰，十年九灾，两岸人民流离失所，背井离乡。

新中国成立后，毛主席做了“一定要把淮河修好”的指示。从1966年开始，河南、安徽、江苏三省动员百万民工，奋战三冬四春，沿汴河平行路线开挖了全长127公里的当时最大的一条人工运河，称新汴河，从此根治了汴河水患，让两岸人民过上安居乐业的生活。新汴河穿城而过，流经宿州境内110公里，成为宿州人民的母亲河。

然而，新汴河经过40多年的运行，出现了河道泄洪能力衰减、堤岸河闸安全隐患增多、泵站补水功能丧失、通航能力降低等一系列问题。特别是城区段河道内的渔网、鱼箱及沿岸违章建筑、坟墓、垃圾等，严重影响了新汴河的泄洪、通航功能和城市形象，对其进行高标准整治势在必行。2012年7月国家发改委批准宿州市新汴河治理工程，其中要求对城区段进行重点治理。

在新汴河水利工程治理开始不久，党的十八大召开，为贯彻十八大提出的“大力推进生态文明建设，为人民创造良好的生产生活环境”的要求，市委、市政府以新汴河城区段治理为契机，将水利工程建设与水生态环境治理、人居环境改善、生态旅游、水利科普结合起来，以打造亲水宜居城市为目标，建设新汴河水利风景区。

3. 人文历史文化资源

宿州位于安徽北部，苏鲁豫皖四省交界，襟连沿海，背倚中原，交通咽喉，国家粮仓，历代为兵家必争之地，素有“得中原者得天下，得宿州者得中原”之说。古往今来，在宿州境内发生大小战争400多场，其中4场影响了中国的历史进程，分别是陈胜、吴广大泽乡起义，推翻暴秦；垓下之战，刘邦奠定汉朝400多年江山；符离大战，隆兴和议，从此宋朝南迁建立南宋；淮海战役为全国解放、建立中华人民共和国奠定了坚实基础。

宿州历史悠久，文化底蕴深厚，人文荟萃。古有孝贤之首闵子骞、一代贤后马秀英；当代有医师楷模李月华、教师典范孟二冬、干部榜样沈浩。

宿州市是中国书画之乡，龙城画派名扬天下。齐白石祖籍砀山，雕塑大师刘开渠、法兰西学院艺术院士朱德群、著名画家萧龙士、书法家尉天池生于此长于此。

宿州市是中国文学之乡。白居易在宿州生活20年，并写下“离离原上草，一岁一枯荣”的不朽诗篇，李白、杜牧、欧阳修、王安石、苏轼等皆游居于此，写下汴水诗词近千篇。美国作家赛珍珠民国初年在宿州工作生活5年，以宿州农村为原型，创作长篇小说《大地》，获诺贝尔文学奖。

宿州是奇石之乡，灵璧石被乾隆题为“天下第一石”。宿州也是马戏之乡，全国80%的马戏来自宿州。宿州还是泗州戏之乡，“泗州戏学院”培养出了大批泗州戏人才。

宿州还是历史上一个重要的运河城市。历来黄淮之间水系变迁频繁，但古汴水、古泗水是沟通黄淮的重要水系。隋唐大运河的沟通为宿州带来了人流、物流和资金流，极大地繁荣了宿州的经济社会，并形成了宿州的运河文化。

丰厚的人文历史文化是宿州的宝贵资源。宿州的建设者们明确地认识到了这一点。

4. 景区建设与管理机构

新汴河景区在建设过程中，时间紧、任务重，涉及规划局、住建委、水利局、财政局、城管局等部门，哪个部门和企业都难以独自统筹。为此市委、市政府成立了新汴河景观工程建设指挥部，市长任指挥长，分管副市长和政协副主席任副指挥长，日常工作由政协副主席来指挥。指挥部下设办公室、综合部、工程部、投资发展部和规划征迁部，工作人员由市委组织部从市、区相关单位抽调，与原单位脱岗，专职工作，有效保证了景区的高效建设。

2016 年 4 月景区建设基本完成，为保证新汴河景区的有效管理和长远发展，新汴河景区建设指挥部继续保留，作为市委、市政府的派出机构，行使景区的管理职权，市政协副主席负责坐镇统筹。

之后，依托景区建设指挥部办公室成立新汴河景区管委会，为副处级事业单位，同指挥部办公室一个机构两块牌子，其他各部职能并入景区管委会。景区管委会负责景区的规划、建设和管理等全面工作。

为加强新汴河景区的治安管理，2014 年 5 月，宿州批准成立了宿州市公安局新汴河景区治安管理大队，为正科级机构，正式干警 10 名，辅警 60 名，负责景区的治安工作。

为破解新汴河景区管理行政执法难题，2015 年 11 月，市委、市政府批准成立了新汴河景区执法分局，负责景区的综合行政执法工作，编制 15 人，为正科级事业单位。集中了市直 13 个部门的行政执法权，通过授权执法的形式开展工作。为规范执法，宿州市政府出台了《宿州市新汴河风景区管理办法》，于 2018 年 3 月 1 日起施行。

此外，新汴河景区公开招标 6 家物业公司，负责景区的环境卫生、秩序维护、绿化保洁和基础设施维修工作。

执法分局、治安管理大队、物业公司由景区管委会统一管理，景区形成了指挥部领导下的四位一体管理模式，保证了景区的高效运转和有效管理。

2019 年 3 月 8 日，为加强新汴河景区的开发和市场化运作，宿州市政府批复组建新汴河景区旅游发展有限公司，公司总经理按正处级配备，由景区管委会主任担任。为景区发展和人才储备留出了较大的空间。

三　建设成效

经过精心规划和建设，一个碧水穿城，两岸花香，绿树成行，轻舟荡漾，水、岸、滩、堤、路、桥、景、灯交相呼应的汴河风光带，一个集文化娱乐、休闲健身、广场集会、教育科普、防洪保安、旅游观光等功能于一体的大型综合性水利风景区展现在人们面前，成为宿州人民心中的明珠。

1. 以文化为魂

文化是一个国家、一个民族的灵魂，也是景区之魂。新汴河是在淮北平原上开挖的人型人工运河，没有蜿蜒曲折、起伏跌宕的自然风光，容易引起视觉疲劳。如何丰富景区内涵，使景区留得住人，吸引得了游客，是新汴河水利风景区建设的重要课题。汴河水利风景区成功地将汴河文化和宿州千年历史文化融入景区建设中，让其变成了一座集自然、历史、人文于一体的博物园。

汴河博物馆，以汴河的过去、现在和将来为主线，通过文物、资料、图片、大事记等，展示汴河的沧桑巨变和在中国共产党的领导下，人民群众团结奋斗、不屈不挠、战天斗地的精神。汴河博物馆不仅是宿州的历史博物馆，也是一座讲述水利史和水文化的博物馆，是新汴河景区的灵魂所在。

北岸的战争历史线通过 13 个节点广场，展现了发生在宿州境内影响中国历史进程的重大战役。有大泽惊雷，垓下之战，符离鏖兵，抗日烽火，淮海硝烟等。

南岸的民俗人文线通过古汴遗韵（宿州八景）、人杰地灵（孝贤广场、东林草堂、宴嬉台、赛珍珠故居、名人墙）、艺苑民风（泗州戏、马戏，书画）三大板块，深度再现宿州古朴庄重、源远流长的人文和民俗文化。

景区的文化建设注重从思想观念、人文精神、道德规范等方面深入挖掘中华优秀传统文化，培育和践行社会主义核心价值观。如从新汴河的开挖建设提炼出“自力更生、艰苦创业、科学治水、团结奉献”的新汴河精神，作为宿州精神；在孝贤广场，将以闵子骞为代表的新二十四孝刻成浮雕进行宣传，弘扬孝老、敬老、爱老的社会风尚。

2. 以工程为骨

新汴河的主要功能是排洪除涝、景观与生态功能。新汴河整治按照 5 年一遇除涝标准和 20 年一遇防洪标准，百年一遇堤防高程，四级航道进行工程建设。为了保证新汴河的水质达标，建设了引水截污工程。保证防洪除涝安全和通航能力的工程体系、引水截污工程构成了水利风景区的骨骼框架。

3. 以生态为基

新汴河穿城而过，岸线顺直，缺乏变化。因此景区建设从生态环境上做文章。大手笔在两岸种植各类乔灌草，形成绵延数公里的绿化带。150 万株景观树和上千亩四季开花的各种花草形成的花海以及图案，花团锦簇，美不胜收；数十个生态岛形态各异，似翡翠散落在主城区 4 公里河面上，良好的生境引来野鸭、天鹅、白鹭栖息觅食。飞鸟游鱼，天上水中，一幅生机盎然的景象。

4. 以管理为要

建设阶段成立新汴河景观工程建设指挥部来统筹各部门，提高了效率，避免了矛盾，减少了内耗。

运营阶段的执法分局、治安管理大队、物业公司、景区管委会四位一体的管理模式，保证了景区的高效运转和有效管理。

即将成立的新汴河景区旅游发展有限公司将为强化景区的自我造血功能、增强景区的运营能力提供重要的组织保障。

5. 以市民为中心

为给群众提供丰富的精神食粮，满足人民过上美好生活的新期待，增强景区的观赏性、互动性、针对性，让市民和游客在娱乐中长知识、受教育，景区先后举办了泗州戏曲系列演出、汴水之夜国际时装秀、马戏、捕鱼节、旗袍秀、马拉松赛、钓鱼比赛、健步行等多种活动，吸引了大批游客前来参与、观赏。景区还建立了宿州之窗，加强汴河文创产品的研究开发，打造自己的文化品牌。

景区蜿蜒的休闲步道、鲜亮的自行车道和临河栈道依势而建，健身、散步、赛车人流穿梭如织，儿童乐园、水上游乐场熙熙攘攘，夜晚两岸数千盏霓虹灯齐放光彩，让人如梦如幻。

景区配套设施的建设处处体现了服务市民、以市民为中心的宗旨。

四 经验启示

（一）经验启示

新汴河水利风景区的建设与运营取得了巨大的成功，影响辐射范围逐渐扩大。其主要经验可总结如下。

1. 做好工程基础设施建设

新汴河整治工程为新汴河水利风景区的建设做好了工程基础设施，确保了新汴河防洪除涝、航运通航、生态补水、水环境调控功能的实现。

2. 充分挖掘文化底蕴

新汴河水利风景区以文化为魂，极大地丰富了景区的文化内涵，极大地提高了教育科普功能，强化了景区的多样性，赋予了景区的草木、河水、岸坡、滩地以鲜活的生命力，使游客的游览体验得到极大丰富。

3. 岸线利用合理

将单调的岸线进行充分利用、丰富，两轴两线两带都是依托岸线而建，化短为长，神奇出巧。各种游乐设施、健身休闲设施也都依托岸线布设。

4. 重视建设与运营管理

从景区建设到运营管理，再到市场机制引入，景区在建设与运营管理的组织架构、制度建设、管理实施上进行了重要的探索，形成了一套与当地水情、工情、社会经济相适宜的经验做法，取得了巨大的成效。

（二）前景展望

景区将规划建设中原军事博览园，作为青少年军训基地和国防教育基地；结合赛珍珠文化研究，将建设赛珍珠主题公园，将宿州民俗、宿州国际友好城市元素融入进去，作为宿州“一带一路”对外窗口；结合水文化，将建设水生态文化公园，一期工程即将开工。

2018 年初，宿州市政府工作报告提出要将新汴河打造成全程生态景观文化带，实现河畅、路通、水清、岸绿、景美、业兴、民富的目标。目前，景区正着手对 127 公里的新汴河进行全面调研，不久的将来，从宿州新汴河景区就可乘游轮入洪泽湖，沿两岸即可观赏灵璧奇石园、虞姬园、大运河遗址公园。

安徽省委省政府提出要将宿州打造成苏鲁豫皖区域的重要休闲旅游目的地，皖北文化生态旅游区，围绕这一总体目标，新汴河景区将逐步由水利风景区向生态旅游风景区转型，下一步将在国家 4A 级旅游景区的基础上规划建设 5A 级旅游景区，景区“吃、住、行、游、购、娱”六方面功能将进一步完善提高。

（本报告的编写，得到新汴河景区管委会的大力支持，在此深表谢意）。

<专家点评>

新汴河景区是城市河湖型水利风景区的典型代表。平原地区的线性水利风景区由于空间元素较为单一，自然景观在视觉上变化较小，在景区建设上如何充分应用自然元素，巧妙布局，丰富主题，充实内容，制造变化，是景区建设富于挑战性的重要课题。新汴河景区在这一方面做了很好的探索和实践，并取得了可喜的成果。景区建设深入挖掘当地的历史文化与工程文化，充分考虑市民的文化、教育、景观、生态、休闲、娱乐的多方面多元需求，高度重视建设与运行管理，实践并形成了一套行之有效的景区建设与运营管理体系。新汴河景区的做法、经验对同类及其他景区具有很好的借鉴和参考价值。

B.13

江西庐山西海水利风景区发展报告

赵 敏 温乐平 邵建明 于文海*

摘 要： 自2013年创建国家水利风景区以来，庐山西海水利风景区始终坚持开发与保护并重，经过五年不懈的努力，景区规划与经营管理取得突破，基础设施建设逐步完善，生态环境功能持续彰显，全域旅游事业迅速发展，综合形象全面提升，体现出较为显著的生态、经济、社会和文化综合效益。庐山西海水利风景区发展所取得的经验与启示，值得总结与推广、借鉴：强调准确定位、科学规划先行，立足高位推动、管理体制创新，实施多元投入、市场机制推进，致力保护环境、注重源头管控，加强市场营销、扩大景区影响。

关键词： 水利风景区 庐山西海 水环境保护

一 景区概况

江西省庐山西海水利风景区属于水库型水利风景区，依托1975年末建成的柘林水库。该水库以发电为主，兼有防洪、灌溉、航运和水产养殖等功能，是一座大型综合利用水利水电工程（见图1～图3）；集雨面

* 赵敏，河海大学教授，博士生导师；温乐平，南昌工程学院教授；邵建明，山东邹平市水利局工程师；于文海，山东邹平市水利局工程师。

积占整个修河流域面积的63.5%，达9340平方公里；总库容为79.2亿立方米，居国内土坝水库之冠，其中防洪库容为32亿立方米，兴利库容为34.4亿立方米。

图1　庐山西海一

柘林水库地处江西省九江市永修县、武宁县之间，因其位于庐山之西，故又被称为“庐山西海”。庐山西海与江西的南昌、湖南的长沙、湖北的武汉、安徽的合肥四个省会城市交汇，隶属长江中游“黄金水道”的范畴；永武高速、105国道、316国道贯穿景区全境，福银高速、大广高速和京九铁路与景区擦肩而过，景区距分列两翼的九江机场、昌北机场均不到1个小时的车程。庐山西海区位优势得天独厚，被世人称为九江的“南大门”、南昌的“后花园”，是鄱阳湖生态经济区的重要组成部分，并与举世闻名的庐山、鄱阳湖形成了赣北旅游金三角。

整个景区总规划面积为495平方公里，包括庐山西海（柘林湖）和云居山风景区。其中庐山西海水域面积为308平方公里，区内面积在2000平方米（3亩）以上的岛屿有1667座；景区属于拥有国家一级水质、一级空

图 2　庐山西海二

图 3　庐山西海二

气的区域，水体平均水深 45 米，能见度可达 11 米，水质总体上符合国家标准中的Ⅱ～Ⅲ类标准，大气负氧离子含量为 15 万个/立方厘米；区域内湖岛风光旖旎、景色迷人，有“水中熊猫”之称的桃花水母和被誉为养生之泉、长寿之源的原生态富矿温泉。而云居山主峰海拔达 969 米，自古即有“云岭甲江右，名高四百州”的美誉；区内森林覆盖率达 89.2%，一片植被完整和林木繁茂的景象；迄今已 1200 多年历史的真如禅寺位于山顶莲花城内，是中国佛教曹洞宗的发祥地，千年来一直秉持“农禅并重”的严谨禅风，并被誉为“新中国佛教领袖的摇篮”，新中国佛教协会迄今五任会长中就有四任源出于此，1989 年曾被中国佛教协会评为全国汉传佛教三大样板丛林之一。

二　发展历程

云居山—柘林湖风景名胜区是国务院于 2005 年 12 月（第六批）批准设立的国家级风景名胜区；为了对辖区实行统一管理，在九江市委、市政府的指导与批复下，2006 年 4 月云居山—柘林湖风景名胜区管理委员会成立，2011 年 8 月将景区更名为庐山西海风景名胜区；2013 年 10 月，经水利部批准设立国家水利风景区。

景区更名以来，庐山西海管委会在庐山市委、市政府的正确领导下，在武宁、永修两县的大力支持下，面对规划审批、手续办理、征地拆迁、筹资融资等难题，以及缺乏融资平台、土地运作、旅游设施和基层支撑等困境，千方百计破解各种不利因素。景区管委会规划了建设“一个中心（禅山圣水养生中心）、四个基地（水上游乐基地、观光休闲基地、科普教育基地和演艺会展基地）”的发展格局，提出了“二年出形象、五年上台阶”和“二年创 4A、五年创 5A”的发展目标。基于景区的发展格局和目标，始终坚持“项目建设与主导经营”并举的发展措施，在“政府主导经营、基础设施建设、重大项目建设、接待设施建设和自身队伍建设”五个方面寻求突破，并在景区环境保护上力争加强。与此同时，管委会还积极推进“3239 工程”建设，其中“3 个 2”是指“2 个旅游集镇、2 个综合型旅游码头和 2 条政府主导且南北循环的游湖线路”，“3 个 9”是指“9 个重大旅游项目、9 个重要接待设施和 9 个岛屿改造与开发”；并全力打造旅游经营、湖岛开发、柘林片区和巾口片区的“四大发展平台”。

经过不懈努力，庐山西海的 5A 景区创建工作，于 2017 年 4 月通过了省级景观质量评审，且于同年 5 月中旬上报国家旅游局待评。目前，庐山西海已经建设成为一处集亚洲最大土坝水库（柘林水库）、多个国家级景区（国家4A级旅游景区、国家水利风景区、国家森林公园）和全国佛教样板丛林于一体，以山岳湖泊为特色的大型景区，“山水交融，天堂范本”是其生动印象，“天上云居禅一日，梦幻西海三百天”是其完美写照。

近年来，庐山西海吹响了“二次创业”的号角，按照整体规划—拆迁—开发的模式，通过进一步推进“四大平台”和基础设施建设，逐步实现南北循环、双向对接、山水联动式的发展，不断落实对生态环境的分级保护措施，严防水体污染和山体破坏，守护一湖清水与一片青山。庐山西海今后的发展将在“五个突破”的基础上，着力于实现项目建设、基础设施、保护水平、旅游经营和队伍建设等“五个提升”；在此基础上逐步升华到创建国内一流水平的环湖湖岛旅游、柘林休闲度假旅游带、巾口旅游风情小镇，以及云居山祈福养生“小庐山”，以实现景区更好、更大、更快的发展。庐山西海将致力于建设绿色景区，努力满足人们对“天蓝、地绿、水净”的美好期待。

三　建设成效

（一）景区规划与经营管理取得突破

2013年2月，庐山西海风景名胜区总体规划获得国务院批准；随后，司马旅游镇、巾口旅游镇、国际艺术园、西海温泉旅游服务村和中信度假区等5个控制性详细规划获住建部批准；其他17个旅游项目规划获得江西省住建厅批复。这些规划的报批成功，为景区大发展、项目大建设奠定了必要基础。

2013年初，景区管委会筹资近亿元收购了深圳神州通集团在景区内的两个旅游公司的全部股权，并按照九江市委、市政府2012年颁布的10号文件，组建了“西海旅游股份有限公司”，该公司注册资金达2.5亿元，武宁和永修两县均享有股权，以此实现了政府主导经营，同时也实现了对岛屿、水面、码头和船艇的统一管理。至此，庐山西海风景名胜区管委会成为西海真正的主人，目前正在探索推行自营、租赁、股份等多元化经营路子。

（二）景区基础设施建设逐步完善

从 2012 年至今，庐山西海风景名胜区管委会共投资近 10 亿元，是管委会成立后前 5 年投入总额的 16 倍，用于景区基础设施建设。其中，投资 2 亿元的司马旅游码头已于 2013 年 9 月竣工投入运营；投资 5 亿元的巾口湖滨大道、行政中心、接待中心和码头中心也已先后竣工投入使用；另外，投资 1 亿多元改造了 6 个旅游岛屿，投资近亿元更新了游湖船艇，投资近千万元改造了云居山上山公路。至此，景区已经形成了“北有行政中心、南有经营中心”的服务格局。

政府在投资庐山西海基础设施建设的同时，也拉动了社会资本对景区旅游项目的投资，不断加快了“四大平台”建设。近年来，庐山西海风景名胜区已累计完成固定资产投资 100 余亿元，是管委会成立初期前 5 年投资总额的 10 倍。在环湖湖岛游乐平台方面，“一南一北”两大码头已全面投入运营，基本完成了对文化西海、美丽西海、鱼乐西海等 6 个岛屿的改造，对湖区旅游船艇实施了更新升级，99 米高的西海之星玻璃观光塔也已建成待客，游湖玩岛游乐圈已基本形成。在柘林景区，建成梅棠高速出口至司马码头沿路亮化工程，基本完成了柘林湖宾馆改造三个项目主体施工，华天欢乐世界项目、省体育局“三个中心”及多个老项目改造都在有序推进，柘林观光休闲带正在成型。在巾口景区，总投资 120 亿元的中海度假区项目已完成投资近 40 亿元，巾口码头商业街建成运营，水云间酒店、温泉度假村、巾口小球运动中心等项目全面开建；生态农业观光园、赣粤高速旅游度假区、垂钓中心、沙滩浴场等项目正在推进，巾口旅游度假镇已初显雏形。在云居山景区，投资 3 亿元的国际禅修院土建已封顶，附属工程已正式开工建设，云居山庄改造和换乘中心建设正在与永修县协调，祈福养生“小庐山”名气不断提升。

（三）景区生态环境功能持续彰显

柘林湖作为修河上的一座人工湖，具有水源涵养、生物多样性保护等重要生态功能，既是南昌、九江的备用水源地，也是鄱阳湖生态经济区的组成部分和重要屏障。为了有效地保护柘林湖的生态功能，柘林湖分别于2011年11月和2014年12月，先后被环保部、财政部列入“全国湖泊生态环境保护试点项目”和全国首批30个“政府和社会资本合作”（PPP）示范项目，并采取“设计—建设—融资—经营—移交”模式（DBFOT），实施包括产业结构调整与生态移民、生态修复与保护和流域污染源治理的三个大类项目。上述项目的建设对于整个修河流域提升污染治理水平和提高生态环境效益，切实保护庐山西海的“一湖清水”，都具有十分重要的现实意义。近年来，庐山西海在加强景区旅游基础设施和公共服务设施改造升级的同时，基于保护良好的湖泊生态环境，重点推进了一批环保项目诸如岛屿改造、生态修复、游艇改造、污水处理和垃圾中转等的建设，建立了环境在线监控系统和快速应急反应监测系统，充分体现了对生态环境保护的有的放矢与标本兼治，为彰显景区的生态环境功能奠定了基础。

与此同时，景区全面贯彻各级政府关于加强生态环境保护的各种决策部署，坚持践行“绿水青山就是金山银山”的科学理念，基于落实“河长制”工作的要求，创造性地提出并实施了“河长制、片长制、岛长制、船长制、路长制、工长制”的“六制管理法”，“六制管理法”要求的点更多、线更长、面更广，是对“河长制”的拓展与延伸。针对景区存在的影响生态环境的突出问题，管委会专门成立整治工作领导小组，并积极与永修、武宁两县协调，在景区范围内全力开展对“非法建设、非法排污、非法采砂、非法码头、非法载客、非法垂钓”的综合整治和专项整治行动，取得了良好的整治效果，保护了“一片青山、一湖清水”。如今的庐山西海（柘林湖），既是游客游山玩水的胜地，也是积极践行生态文明的典范，在生态环境保护方面取得了明显成效。

（四）景区全域旅游事业迅速发展

自 2013 年 6 月 20 日管委会接管经营以来，庐山西海旅游事业发展立竿见影。近五年来，景区年旅游接待人次不断增长，年旅游收入成倍增加。

2013 年，景区共接待游客约 145 万人次（其中：游湖上岛游客超过 17 万人次，占比为 11.78%），实现旅游总收入接近 11 亿元，分别同比增长 31.4% 和 41.3%。

2017 年，景区接待游客量超过了 1000 万人次（其中：游湖上岛游客约 63 万人次，占比为 6.13%），实现旅游总收入超过了 81 亿元，分别比上年增长 15.6% 和 15.6%。2017 年相较于 2013 年，游湖上岛游客人数翻了两番，旅游收入增了四倍。当年未发生一起安全生产责任事故，实现了安全、有序、平稳的管理目标，游客投诉量明显减少，且无越级有效投诉。

2018 年，景区着力开展“项目见效年”、“旅游经营年”和“作风提升年”活动，西海之星玻璃观光塔、西海漂流景区、西海之窗、西海舰队球类运动休闲中心等项目取得了突破发展，全年旅游人次增长近 30%，尤其是在国庆黄金周期间共接待游客超过 10 万人次，创历史新高。

（五）景区综合形象全面提升

2014 年初，庐山西海成功获批国家 4A 景区，获评全国十佳生态旅游示范景区，终结了管委会成立多年无 A 级荣誉且与国家级景区不匹配的尴尬历史，并立即启动了国家 5A 景区和国家旅游度假区创建。几年来，庐山西海的干部从“守湖人”变成了西海的建设者和经营者，并通过群众路线、“两学一做”和“三严三实”学习教育，努力打造了一支“企业称赞、游客满意”的干部职工队伍，做到 4A 景区 5A 服务，景区知名度和满意度不断提升。经过五年的不断努力、真抓实干和攻坚克难，景区的发展取得了“六大突破”。

第一，有了立家之策。九江市委、市政府出台的 10 号文件《关于进一步加快庐山西海风景名胜区开发建设的意见》，为景区发展确立了基本策略。

第二，有了可种之田。景区管委会按照“10 号文件”的精神和“3239 工程”的任务，重点打造“一南一北”（司马和市口）两个旅游集镇及其综合型旅游码头，使广大干部职工有了干事创业的平台。

第三，有了吃饭之碗。收购了深圳神州通集团在景区内的 2 个旅游公司的全部股权，使景区自身有了主导经营权。

第四，有了下锅之米。通过上级支持、政企合作和艰难的土地运作，管委会与相关企业投资近百亿元已建成或在建一批项目，并已开始发挥效益，景区由此走上了正常发展的道路。

第五，有了安家之窝。通过旅游公司的设立，以及司马和市口这一南一北两个综合型旅游码头的建设，景区拥有了西海宾馆和办公生活区，使广大干部职工真正有了自己的家，彻底告别了租房办公、租店生活的尴尬和窘况。

第六，有了发家之本。景区管委会通过实施“包片区、推项目、讲实干、强督查、明奖惩、求实效”等一系列措施，使干部队伍的能力得到了锻炼，员工队伍的士气得到了提升，为景区二次创业奠定了坚实基础。

四　经验启示

自 2013 年创建国家水利风景区以来，庐山西海水利风景区始终坚持开发与保护并重，在规范水利风景区建设和推进水利风景区发展方面做出了较大努力。尤其是近五年来，随着管理体制的创新与组织机构的调整，景区开创了迅速发展的新局面，所取得的经验与启示值得总结与推广、借鉴。

（一）强调准确定位，科学规划先行

根据庐山西海的自然资源、人文资源和当地政府的发展规划意图，管委会明确提出要把庐山西海打造成为“国内一流、世界知名”景区，集“观光、休闲、娱乐、度假、科普教育”多种功能于一体的旅游胜地，体现出

“中国最美的湖光山色”，其定位准确、合理、形象，为景区长远发展和打造高品位产品指明了方向。在此基础上，管委会坚持先规划再建设，结合庐山西海的实际，以科学的规划引导景区合理建设，为景区确立了“一个中心、四个基地”的空间发展格局，制定了“两年达4A景区，五年创5A景区”的发展目标，实施了“五个突破，一个加强”的发展举措，并辅以“3239工程”的推进。目前，庐山西海面貌发生了根本性的变化，正在逐步实现景区的各项规划目标，“中国最美的湖光山色”的形象已经享誉国内。

（二）立足高位推动，管理体制创新

上级管理部门高位推动、景区管委会体制机制不断创新，是庐山西海开发建设取得成功的最主要原因。庐山西海党政管理单位被九江市委、市政府设置为正处（正县）级建制，从体制上为协调解决跨行政区划（永修县、武宁县）景区的用地、征地、人力、物力等问题提供了有利条件，为景区的可持续发展奠定了组织基础。为了加强景区的开发、建设与管理工作，管委会创新管理水平，整合管理资源，进一步设置了景区系统的相关管理机构。这些管理机构的形成与完备，避免了“多头管理、推诿管理、无人管理、无效管理”的现象，有助于管委会集中力量对景区建设与资源开发进行有效管理。庐山西海管理体制的创新与组织机构的设置，充分体现出九江市委、市政府将其打造成为国内一流景区的决心和气魄，在江西全省各类景区开发建设中也起到了良好的示范作用。

（三）实施多元投入，市场机制推进

水利风景区的建设与管理需要有足量的资金投入，以确保景区的可持续发展，资金投入作为关键要素之一，涉及景区规划设计、设施建设、景观营造、项目开发和经营管理的各个环节。随着社会主义市场经济体制改革的不断深入，投融资机制日渐完善，为水利风景区的建设与管理创造了良好的条件，庐山西海抓住机遇、顺势而为，在景区开发建设和运营管理方面，实行了“政府主导、企业介入、社会参与、市场运作”的发展模式。景区管委

会整合、联合辖区内外资源，通过申报政府项目与市场化运作相结合，财政资金与社会资本相融合，较好地解决了景区开发建设的资金瓶颈问题，成效显著。

（四）致力于保护环境，注重源头管控

水资源、水生态和水环境是水利风景区建设与发展的关键资源和重要载体，它们相互关联、相互作用和相互影响，共荣共损。庐山西海秉承“两山理论”的基本内涵与生态文明的科学理念，在景区建设与运营管理过程中，坚持“保护中开发，开发中保护”的基本原则，尽心守护柘林湖的“一湖清水”，无比珍爱云居山的“一片青山”。景区管委会充分意识到，随着庐山西海经济社会的快速发展，区域水生态负荷势必会逐渐加重，过度开发也将带来环境污染问题日益突出的严峻局面，因此必须把庐山西海的生态环境保护工作置于十分突出的位置。管委会为此制定了相应的生态环境保护策略，并坚持“保护第一，协调发展”的基本方针，尤其注重对景区污染源头的管理和控制，加强环保宣传和执法力度，以确保其生态环境的优越性。通过一系列的保护措施，庐山西海有效地保持了水生态的系统平衡，维护并改善了水资源的基本环境，充分体现了水生态文明的科学理念，系统彰显了人水和谐的景区整体发展思路。

（五）加强市场营销，扩大景区影响

景区管委会利用景区优越的区位条件、独特的资源禀赋和丰富的民俗风情，通过加强市场营销的方式，积极拓展庐山西海景区的产品市场，利用各种媒介与形式宣传景区形象，引起了社会各界的强烈反响，使景区旅游人气持续旺盛，旅游收入逐年增加，从而扩大了景区的影响力，提升了景区的知名度和美誉度。俗话说“金杯银杯不如百姓的口碑，金奖银奖不如百姓的夸奖，千好万好都不如百姓说好”，人民群众的满意度是检验庐山西海一切工作的根本标准，人民群众的赞扬是对庐山西海建设与发展的认可与肯定。2010年，在由45家权威媒体组织的亿万网民评江西旅游活动中，庐山西海入选“中

国网民最喜爱的江西十大旅游景区”；2015年，在全国生态文明建设高峰论坛暨城市与景区生态文明成果发布会上，庐山西海入选由新华社《半月谈》杂志社、中国国情调查研究中心等组织的“全国十佳生态旅游示范景区”；同年，在由新华网组织的第三届旅游业融合与创新（中国·延边）论坛暨2015旅游业最美中国榜发布会上，庐山西海荣膺“最美中国·健康养生旅游目的地景区”称号。

<专家点评>

庐山西海水利风景区属于水库型水利风景区，位于江西省九江市永修县、武宁县之间，区位优势得天独厚。景区具有较为显著的生态、经济和旅游资源优势，“山水交融，天堂范本”是其生动印象，“天上云居禅一日，梦幻西海三百天”是其完美写照。自2013年被批准设立国家水利风景区以来，经过五年的不懈努力，庐山西海水利风景区陆续获得了“国家AAAA级景区”、“全国十佳生态旅游示范景区”、“最美中国·健康养生旅游目的地景区”和“国家森林公园”等荣誉称号，是鄱阳湖生态经济区的重要组成部分，并与举世闻名的庐山、鄱阳湖形成了赣北旅游金三角，在生态环境、经济增长、社会进步和文化弘扬等方面取得了显著的成效。

自创建国家水利风景区以来，庐山西海水利风景区吹响了“二次创业”的号角，始终坚持开发与保护并重，在规范和推进水利风景区发展方面做出了较大努力，所取得的经验与启示值得总结与推广、借鉴：强调准确定位、科学规划先行是景区稳步发展的方向，立足高位推动、管理体制创新是景区快速发展的关键点，实施多元投入、市场机制推进是景区开发建设的资金保障，致力保护环境、注重源头管控是景区实现可持续发展的生态起点，加强市场营销、扩大景区影响是景区实现经济效益和社会效益的重要途径。这些经验既紧密相关又缺一不可，既相互联系又相互支撑。其突出的亮点在于：一是景区管理部门高位推动管理创新，从体制上为协调解决跨行政区划的用地、征地、人力、物力等问题提供了有利条件，为景区的可持续发展奠定了组织基础；二是景区开发建设和运营管理实行了政府主导、社会参与、企业介入、市场运作的发展模式，通过申报政府项目与市场化运作相结合，财政资金与社会资本相融合，较好地解决了景区开发建设的资金瓶颈问题。

柘林湖是江西境内最大的人工湖，也是庐山西海水利风景区的核心依托，对于景区的重要性不言而喻。近年来，随着区域经济社会的发展，城市化和工业化进程加快，尤其是全域旅游事业迅猛发展，导致了柘林湖流域的水资源安全存在隐患、水生态环境依然脆弱和水污染风险不断增大的局面。因此，对于柘林湖水资源、水生态和水环境的保护与综合防治，必须采取以“分区保水、上游活水、湖边治水、湖面管水”为主要内涵的新理念，以控制源头和强化管理为首要措施，对湖泊水体以保育为主，辅加治理。与此同时，在柘林湖流域优化产业结构，转变经济增长方式，并通过强化自动监控和创新管理方式，对湖泊水域的保护实施有效监管，从而使庐山西海这片绿水青山真正成为名副其实的“金山银山”。

参考文献

[1] 邢诗勇、袁东来：《青山隐隐水迢迢——庐山西海改革创新谋发展纪实》，《九江日报》2015 年 9 月 1 日。

[2] 饶一民、朱曦薇：《主攻“万亿”目标，做大经济总量》，《九江日报》2014 年 11 月 7 日。

[3] 卢礼衡、常俊云、袁东来：《依托大项目，推进大发展——庐山西海大力推进“3239 工程”纪实》，《九江日报》2013 年 5 月 31 日。

[4] 周振华、袁东来：《寻梦西海千百度——庐山西海“两年出形象、五年上台阶”发展纪实》，《九江日报》2013 年 8 月 11 日。

[5] 温乐平、许松华：《江西省水利风景区发展模式研究——以庐山西海水利风景区为例》，《南昌工程学院学报》2016 年第 35（2）期。

B.14

广西桂林灵渠水利风景区发展报告

刘 敏　阳裕盛　蒋礼艺*

摘　要： 灵渠建于秦始皇三十三年（公元前214年），主体工程由渠首、南渠和北渠组成。全长36.4公里。它沟通长江和珠江水系，连接湘江和漓江，是秦代著名的三大水利工程之一。其主要功能是航运和农业灌溉。经历代朝廷和地方官府对灵渠不断修葺完善，这条人工运河已运行两千多年。灵渠工程依托优美的生态环境和文化景观，逐渐形成了水利风景区。

关键词： 灵渠　人工运河　水利风景

一　景区概况

灵渠水利风景区位于广西桂林市兴安县境内，景区面积7.6平方公里，其中水域面积1.95平方公里。主管单位为兴安县水利局。公元前214年，秦始皇为统一中国，派兵修凿了跨流域的人工运河——灵渠。它与四川都江堰、陕西郑国渠同为秦代三大水利工程之一。两千多年来，灵渠作为综合性的水利工程，具有水运交通、农业灌溉、城镇供水、生态环境维系、县城防洪等功能。

* 刘敏，北京联合大学旅游学院教授；阳裕盛，广西桂林市兴安县水利局原副局长，高级工程师；蒋礼艺，桂林市水利工程管理处副主任。

灵渠作为跨流域水系连通工程，通过对区域水资源的调配进一步优化区域水资源条件和生态环境，塑造了灌区农业生态和旅游生态系统，其有显著的生态环境效益。同时也发挥分洪功能，缓解汛期湘江的防洪压力。灵渠以其突出的历史文化和科学技术价值，成为当地主要的文化旅游资源。2005年灵渠公园与灵渠水街连成一体，开启了灵渠水利风景区新的一页，目前灵渠水利风景区为国家4A级风景区，是兴安县标志性旅游胜地。依托灵渠工程遗产，2018年兴安县开工建设灵渠博物馆，占地23亩，建筑面积1.28万平方米，采用泛博物馆理念，使遗产实体与馆内展陈相相合，提升灵渠历史文化、科技价值的系统展示水平。另筹建了灵渠国家水情教育基地。2015年灵渠旅游总接待22.9万人，旅游总收入283.66万元；2016年灵渠旅游总接待24.2万人，旅游总收入351.32万元；2017年灵渠旅游总接待25.33万人，旅游总收入487万元。

二　发展历程

据《淮南子》记载："（秦皇）又利越之犀角、象齿、翡翠、珠玑，乃使尉屠睢发卒五十万为五军：一军塞镡城之岭，一军守九嶷之塞，一军处番禺之都，一军守南野之界，一军结余干之水，三年不解甲弛弩。使监禄无以转饷，又以卒凿渠而通粮道，以与越人战，杀西呕君译吁宋。"秦始皇为统一岭南，由尉屠睢带兵五十万攻打，而大量军饷无法运至前线，为此命负责军队后勤供给的史禄开凿灵渠作为"粮道"，公元前214年建成，使秦军得以杀其王"译吁宋"，最终实现统一大业，并在岭南设立桂林、南源和象郡三郡。经文物考古证实，至今在大溶江与灵渠汇合处及灵渠右岸开阔地带仍保留有4处秦军驻扎遗址，面积约6平方公里。2006年被国务院核定为全国重点文物保护单位。

灵渠自秦代开凿之后，历代均有修葺，工程体系也不断发展完善。据史籍记载，自秦代至民国，较大规模的维修共有38次，这是灵渠工程延续至今的保障。

灵渠从秦代修建成之后，一直到20世纪40年代，都是中原通往岭南地区的重要通道。其航运作用绵延两千余年。沿线逐渐修建了县城渡头江、严关画眉塘、兴安镇三里陡和溶江镇的盐埠4个停靠船舶的码头以及物资仓库，客栈等配套设施和灵渠沿线交通所需的桥梁。唐代（公元825年）修建的万里桥，为虹式单拱石桥，传说因距唐朝京城长安（今西安）水路1万里而得名，是广西境内最古老的虹式单拱石桥。距南陡1.4公里的粟家桥，为虹式单拱石桥，建于明代，至今仍完好；距南陡2公里处的马嘶桥，传说汉代时最初为小木桥，马援将军率部南平交趾时，其坐骑至此扬蹄嘶叫，不愿过桥，马援将军下马发现桥已朽，乃募捐修桥，传为千古佳话，此桥因而得名，原为与灵渠南、北路并行的两座桥。2004年有关部门改建两桥，并增加一座横跨南渠的钢筋混凝土单拱桥，流经县城中央的双女井溪河穿越南渠底部，形成“三桥跨二水”，桥上建有桥亭。在下游2.85公里处，有宋太平兴国八年（公元983年）创建的接龙桥，传说经灵渠过往的历代官员，在此上岸，入驻左岸山坡上的兴安县衙门。清乾隆元年（1736年）重建。1987年在桥上建桥亭。下游4.4公里处有三里桥，为虹式单拱石桥，为明成化二十二年（1487）广西都衙史宋旻维修灵渠时始建。它是灵渠古桥中至今唯一没有大修过的古桥，被单独列为广西壮族自治区文物保护单位，至今完好。在灵渠还建有肖家桥、霞云桥、培元桥、星桥、观音阁桥、花桥等各式古桥12座。这些上至唐、宋，下迄明、清的石桥都各有特色，给灵渠水利风景增添了美丽的色彩。

由历代官府建设，逐渐形成的以灵渠为中心的水利风景，早就被当作旅游胜地载入史册，沿途两岸遍植桃李、杨柳。明代严震直就有“桃李满路落红雨，杨柳夹堤生翠烟”的描绘。民国时期，从粟家桥至分水塘一段，被开辟为公园，粟家桥旁竖一块“入胜”的牌子，表示从这里开始，便进入灵渠公园的胜境。后经过规划开发、修葺祠庙，整理古迹、恢复桥梁，公园内建成分水塘、四贤祠、秦文化广场和飞来石四大景区。沿线修建、恢复和兴建了水街景区以及金峰殿、世纪冰川、灵佛洞、灵山庙、马头山、江西坪、鸾塘堰、黄毛坝等景点。

三　建设成效

灵渠水利风景区是沟通湘江、漓江的古代人工运河。北渠汇入湘江（原长江水系），南渠汇入漓江（原珠江水系）。是我国中原腹地与岭南的重要交通要道，在政治上、经济上起着重要的作用。是一项卓有成效的水利工程，具有独特的生态成效、经济成效、社会成效和文化成效。

1. 生态效益

灵渠作为跨流域的水系连通工程，在湘江干流上游距兴安县城以东 2 公里处，修建了“人”字形拦河坝。在汛期，多余的洪水从大小天坝和小天平坝宣泄入湘江，以保持正常引水入南渠和北渠，并在一定流量情况下，实现了“三七分水”，即三分水量经南渠流入漓江，七分水量经北渠流入湘江。通过对区域水资源的调配进一步优化了区域的水资源条件和生态环境，塑造了灵渠特有的功能，具有显著的生态环境效益，同时也发挥分洪功能，缓解了汛期湘江的防洪能力，改善了沿途的农业生态环境。工程的规划建设充分体现了对自然地理环境影响最小的原则，延续运行两千多年，在发挥最大的水运和灌溉效益的同时，未对区域的自然地理环境产生不利影响。这在大型水利工程中是不多见的。现在大型水利工程建设的环境影响是社会关注的争议焦点。灵渠则为此提供了规划设计理念和实践经验的经典案例。灵渠优美的生态环境内涵丰富，历史文化景观特色鲜明。

2. 经济效益

水运交通：水运交通功能是灵渠的主要功能之一。灵渠始建于公元前 214 年，是秦始皇为统一岭南、输送粮饷而命史禄开凿的运河，最初主要用于军事目的。灵渠建成后为秦国统一岭南奠定了基础，对中国历史进程产生了重要影响。此后两千多年，一直是岭南地区与中原地区交流的水运交通战略通道，为岭南地区政治及社会稳定，以及区域间的人口、经济、文化交流发挥了重要作用。据文献记载，明、清两代，每天过往灵渠的船舶为 30 ~ 40 艘，日运货量 300 吨左右。中法战争期间（1883 ~ 1885 年）屡立战功的黑旗军，也曾经灵渠南下。当时民、货船舶南来北往，达到最繁荣期。据广西航政局登记，1938 年通行灵渠的船舶共 6245 艘。直至 1938 年湘桂铁路通车，灵渠作为跨流域运河的历史使命逐渐终结。目前仍保留着区段性的游船水运。

农业灌溉：农业灌溉是灵渠长期发挥的重要水利功能，也是目前灵渠的主要水利功能。最晚至 12 世纪（南宋），灵渠灌溉已达到一定规模，文献中对灵渠的灌溉有了明确记载，此后灌溉工程体系不断完善，灌溉面积不断扩大，为区域农业发展、人口繁衍发挥了基础支撑作用。据 18 世纪的文献记载，当时灵渠灌溉面积约数千亩。据 1938 年扬子江水利委员会调查统计，灵渠保灌面积有 8502 亩。1949 年之后，随着对灵渠工程的系统修复和灌溉体系的续扩建，灵渠灌溉面积大幅增加，2016 年灵渠灌溉面积总计 65000 亩。

城乡供水：由于灵渠的修建，两千多年来，众多移民汇集灵渠两岸，艰苦创业，养家糊口。南渠穿越县城中央地段，名曰“水街”，历来是兴安古城最繁华的街道，数万民众都靠汲取灵渠之水饮用，洗盥。为保证水源清洁卫生，灵渠设有专职人员负责，在渠道各跨渠桥上插上红旗标志时，民众便知道是挑饮水时段（一般为上午 8 时前），旗帜取走后，居民才能下码头洗涤物品。直到 1967 年县城兴建了自来水厂，居民逐渐安装了自来水，但居民的洗涤及生产用水仍然离不开灵渠，沿途 36 公里数十个村庄中，村民祖祖辈辈生活在灵渠旁，生产、生活用水都取自灵渠。从 2005 年起，在政府扶持下，修建了抽水站，将灵渠水抽上高位水塔，村民们用上了安全、纯净的灵渠自来水。沧海桑田，年复一年，灵渠就是这样用自己的清纯之水哺育着兴安县城及沿途成千上万的民众。

3. 社会效益

灵渠水利工程是综合利用的典型代表，兼有水运、灌溉、供水、生态、防洪及旅游等多种功能，在社会公益、改善沿渠两岸的人居环境、带动周边居民发展生产、增加收入等方面都起了重要作用。灵渠公园优雅的自然风光，每天早、晚免费迎接成千上万的当地居民晨练、散步、锻炼身体。南渠沿途水街景区两岸为兴安县旧城区，商、铺相连，昼夜灯光闪亮，两千多年来，一直繁荣昌盛，热闹非凡。下游的灵山庙、六口岩、马头山、江西坪、黄毛坝等自然村都开辟了旅游风景点，当地居民办起了农家乐、家庭旅馆、水果种植场、家禽养殖场等，迎接休闲度假游客，群众过上了安居乐业的幸福生活。

4. 文化效益

灵渠开凿后，许多历史学家、地理学家、水利专家及科学工作者都对它的源流、渠道做过调查研究，将相关资料写进史籍及论著之中。如（汉）班固的《汉书》、（魏）郦道元的《水经注》、（宋）《乐史》、（宋）周去非的《岭外代答》，至清代顾祖禹的《读史方舆纪要》《兴安县志》等。如今仍保存完整的牌刻，如（唐）鱼孟威的《桂州重修灵渠记》、（宋）周去非的《灵渠》、（宋）李师中《重修灵渠记》、（明）孔镛的《重修灵渠记》、（清）范成大的《重修兴安灵渠记》、（清）赵慎畛的《重修陡河记》等碑刻共 30 块，仍保存于四贤祠内，详细记载了灵渠水利工程历代修治运行的详细情况，形成历史悠久的灵渠水文化。此外在灵渠岸畔的飞来石、古严关崖壁、乳洞岩崖壁上还有众多石刻摩崖共 49 处，诗词联赋数百首，以及守卫管理灵渠的“陡军”后裔及祠堂、村落、庙宇等至今仍在。这些古人留下的宝贵文史资料，也给灵渠水利风景区增添了旅游观光内容，供游人了解灵渠，宣传灵渠，是兴安县标志性的文化资源。

四　经验启示

（一）完善管理机构

管理机构的建立和完善，是灵渠工程建设与维护的基本条件。初期的灵渠管理是国家管理、军事管理。灵渠最初是一处军事交通工程，它的开凿、使用、管理和维修都与朝廷组织的军事行动有关。上至朝廷、下至州县衙门，都直接过问或参与灵渠的管理。秦代尉屠睢南征时秦始皇钦命史禄凿渠道。东汉时平交趾的伏波将军马援修灵渠，都是朝廷特派的。隋唐以前，岭南的行政管理极为精简，没有专门设置灵渠管理机构。

自唐代开始，灵渠的管理与维修一般由地方官吏负责。如唐代的李渤、鱼孟威，宋代的李师中、李浩等，都是地方官，分别任观察史、防御史、安抚史，当时还没有固定的管理人员，船舶过渠时，都是临时征用民夫拉纤。明洪武二十九年（1396 年），由于广西一带有军事行动，朝廷直接委派监察御史严震直负责灵渠的管理工作，开始组建相对专业的陡门管理队伍，设置渠长、渠目和陡夫等职位，既负责渠陡管理，又兼耕种，既领官府岁银，又兼农业耕种。清代多由两广总督、广西巡抚、广西巡按御史等地方官员负责灵渠的管护，有时也交代下一级官吏桂林知府和兴安县知县承办。陡军设渠长 1 名、渠目 1 名，每陡设陡夫 2 名，渠长、渠目由官府委任。陡夫由渠长、渠目就近雇佣附近村民。后来只设渠目统领陡夫。湘桂铁路通车后，灵渠的承运逐渐减少。

灵渠灌溉工程设施，一直由地方官府和民间共同参与管理。堰坝、水涵和主要支渠一般由官府负责维修和维护，田间渠道、筒车等提水设施由村民集体修建和维护。

民国三十二年（1943 年），政府成立秦堤建设委员会，负责灵渠的管理。中华人民共和国成立后，1952 年 2 月成立灵渠事务所，1953 年改为灵渠管理委员会，1956 年成立秦堤风景建设委员会，1962 年改为灵渠水利工程管理所和文物管理所至今。

（二）建立管理制度及保护条例

严格完善的管理制度是灵渠工程延续两千多年的基本保障。据史籍记载，从明代开始，灵渠逐步建立了一套维修制度，“向系五年大修，三年小修”。如航运受阻，“舟楫艰通，遂致盐运坐守日月，所费不赀”。清道光年间，发布《禁止木簰出入陡河告示碑》，刻于石碑。民国三年（1914 年），时任漓江道尹的金开祥发布了《规定陡河行船办法布告》，并且勒石刻碑，规定行船灌溉制度。

1978 年兴安县革命委员会制定了《兴安县灵渠保护条例》，2014 年广西壮族自治区人民政府颁布了《广西壮族自治区灵渠保护办法》等多种文件，制定了具体办法，对灵渠工程进行开发利用和保护。

（三）维护优美的生态环境

灵渠水利风景区有充沛的水资源，常年水质清澈，达到Ⅱ级标准。景区综合治理水土流失率达90%以上，成效显著，为优美的生态环境，为可持续发展提供了保障。林草数量大，种类丰富，林草覆盖率达到95%。渠岸种植各种树木，古树参天，为各种动植物提供了休养繁衍之地。渠内水源丰富，堤垸连通，水体交换度较高，水循环状况较好。良好的生态环境，为水生物的繁衍与生长提供了良好基础。两千多年来，灵渠水质一直保持清澈见底，仍保持如清代诗人袁枚所描述的："江到兴安水最清，青山簇簇水中生。分明看见青山顶，船在青山顶上行。"

<专家点评>

桂林灵渠与四川都江堰、陕西郑国渠同为秦代三大水利工程之一。两千多年来，灵渠作为综合性的水利工程，具有水运交通、农业灌溉、城镇供水、生态环境维系、县城防洪等功能。它作为水利风景区，不仅发挥着传统的经济和生态功能，还发挥着重要的遗传传承与教育功能，鲜活地展示着2000余年来水利工程的高超与迭代。灵渠的管理展示其贯彻了严格保护和生态优先的思想，构建了完整的保护机构，有效进行了机构联动创新，都是水利风景区发展中弥足珍贵的经验启示。

参考文献

[1] 广西水利厅：《灵渠考察文集》，《广西水利水电科技》1986年第3期。
[2] 广西壮族自治区地方志编纂委员会：《广西通志·水利志》，广西人民出版社，1998。
[3] 桂林旅游资源编委会：《桂林旅游资源》，漓江出版社，1999。

[4] 范玉春、周建明：《古代过岭交通的变迁及其原因——兼论灵渠对桂东北发展的影响》，《广西民族学院学报》（哲学社会科学版）1999 年第 1 期。

[5] 韩光辉：《桂林历史文化遗产及其保护》，《湖北大学学报》（哲学社会科学版）2000 年第 1 期。

[6] 桂林市旅游局：《桂林市旅游发展总体规划（2001～2020）》，中国旅游出版社，2002。

[7] 燕柳斌、刘仲桂、张信贵、吴雪茹：《灵渠工程的功能分析与研究》，《广西地方志》2003 年第 6 期。

[8] 任媛媛：《桂林历史文化旅游资源开发研究》，广西师范大学硕士学位论文，2006。

[9] 粟维斌：《兴安灵渠旅游景区保护性开发的生态学思考》，《特区经济》2007 年第 10 期。

[10] 广西大百科全书编纂委员会：《广西大百科全书·经济卷（下）》，广西大百科全书出版社，2008。

[11] 范玉春：《渠的开凿与修缮》，《广西地方志》2009 年第 6 期。

[12] 刘仲桂：《保护古灵渠　开发灵渠水文化——对灵渠保护与灵渠水文化开发的思考与建议》，《广西地方志》2009 年第 3 期。

[13] 钟乃元：《唐宋粤西地域文化与诗歌研究》，广西师范大学博士学位论文，2010。

[14] 周大鸣、石伟：《遗产旅游与乡土社会——关于灵渠文化遗产的旅游人类学研究》，《广西民族大学学报》（哲学社会科学版）2011 年第 33 卷第 2 期。

[15] 崔润民：《灵渠历史价值的重新定位与文化战略的民间实施》，《中共桂林市委党校学报》2013 年第 13 卷第 2 期。

[16] 秦春林、粟维斌、钟泓：《体验旅游视角下历史文化景区深度开发的思考——以广西兴安县灵渠景区为例》，《柳州师专学报》2015 年第 30 卷第 2 期。

[17] 李伟萁、王艳梅：《灵渠文化线路的构成要素与基本特征探析》，《桂林航天工业学院学报》2016 第 21 卷第 4 期。

[18] 苏倩：《灵渠的保护、利用与申报世界文化遗产对策研究》，广西师范大学硕士学位论文，2017。

[19] 李云鹏：《灵渠水利工程体系及其历史文化特征》，《中国防汛抗旱》2018 年第 28 卷第 7 期。

B.15 湖北兴山高岚河水利风景区发展报告

王 凯　王欣苗*

摘　要： 高岚河水利风景区位于湖北省兴山县，规划总面积186平方公里，其中水域面积6平方公里，在创建兴山高岚河水利风景区过程中，始终遵循“创新、协调、绿色、开放、共享”的新发展理念。在确保生态优先、满足生态流量的基础上，有效统筹协调社会经济发展与水资源保护、水环境治理、水生态修复等关系，积极开发涉水项目、滨水康养等具有赢利能力的涉水市场化产品和服务，有力支撑了当地经济发展，促进了生态环境保护，满足并增进了人民福祉需求，是一个将小水电动能转化与水利风景区建设紧密结合的典型。

关键词： 高岚河　小水电　水利风景

一　景区概况

高岚河水利风景区位于湖北省兴山县“一江两山”中间腹地，鄂西生态文化旅游圈高岚风景区内，距宜昌市60公里，距神农架90公里，沪蓉高速宜巴段和312省道穿境而过，交通十分便捷。高岚河水利风景区规划总面积186平方公里，其中水域面积6平方公里，景区山川秀美，

* 王凯，南京市水利局巡视员；王欣苗，水利部景区办工程师。

植被良好，群山连绵起伏，河流水源充足，非常适合开发水上漂流旅游项目。

一是自然资源丰富，主要自然景观有卧佛山、朝天吼、孔雀谷、八缎锦、将军柱、骆驼峰、鸳鸯石等，众多自然景观组成内、外十里画廊。气候舒适持续时间长达9个月。

二是拥有丰富的水资源和相对集中的水利工程，有2座水库、37座水电站、12座生态堰、3处河道综合整治工程和3处川汉铁路遗址等。全域水质达到了Ⅱ类水质标准，水量充足。

三是有深厚的人文底蕴和富有特色的地方民俗。有“和平女神”王昭君，国家级非物质文化遗产“兴山民歌”，省非物质文化遗产“昭君传说”“兴山围鼓”“薅草锣鼓”“山地花鼓”“皮影戏”等在此孕育，传统手工艺“昭君刺绣”“兴山竹编”等在此流传。

景区内自然景观与水利工程相融合、水利资源与旅游开发相结合，有驰名中外的高岚风景区，其中朝天吼漂流是首批国家4A级景区，被誉为中国自然水域第一漂，周边有纪念王昭君的国家3A级景区昭君村景区、最美水上公路等（参见图1、图2）。

图1　高岚河

二　发展历程

（一）转理念，变思路，凝聚绿色发展强劲动力

20 世纪 70 年代，兴山县曾被水利电力部列入全国 100 个农村电气化试点县，水电产业在兴山经济发展起步中发挥了重要作用，在这里诞生的兴发集团凭借水电资源和磷矿资源，一步步成长为中国 500 强企业。随着党的“十八大”召开，兴山县委、县政府按照生态文明建设的要求，迅速调整发展思路，把生态保护落实到了全县经济社会发展全过程中。

县第十四次党代会提出了“两地两县”发展战略，坚定不移地走绿色发展道路。2017 年，县委提出了《关于加强香溪河保护推动全县生态文明建设的意见》，县人大做出了《关于加强香溪河保护推动生态文明建设的决定》，县政府制定了《关于加强香溪河保护推动全域生态文明建设的实施方案》。全县上下形成共识，为水利风景区创建营造了良好的外部环境。县委确立了“政府主导、部门主管、企业主办”的水利风景区创建管理体制，以创建水利风景区为突破口，加快水利水能设施综合利用与全域生态旅游融合发展，确保一泓清流汇峡江，成为兴山县新的发展理念。

（二）大投入，精建设，打造人水和谐美丽环境

2007 年以来，兴山县委县政府通过整合水利旅游资源，依托中国 500 强企业——兴发集团——的实力和影响力，高起点规划，大手笔投入，累计对高岚河水利风景区投资近 5.6 亿元。集团紧紧依托兴山众多奇山秀水的风景资源、生态水利工程的优势条件，大力开展水利风景区建设，开展以旅游为重点的多种经营，改善了居民生活环境、安全饮水和交通条件，对当地的旅游产业和水利事业发展，产生了积极的推进作用。

经过十多年的建设与发展，高岚河水利风景区河水潺潺，山水村镇相融，构成一幅和谐美丽的画卷。尤其是朝天吼漂流区，全长 6.8 公里，落差

148 米，最大日接待人数 1.5 万人，连续十年接待漂流游客位居华中地区首位。漂流河道沿途有川汉铁路遗址、抗日战争遗址、峡谷飞索、大瀑布、樱花园、桃花岛、十二生肖园、文明绿道、房车露营地、国际汽车越野赛、青少年登山运动训练基地、户外拓展基地、摄影创作基地等，形成了“春季赏花、夏季漂流、秋季露营、冬季赛车”的四季观赏与互动体验一体的旅游格局。“爽就朝天吼”成为盛夏时节华中地区的热门话题，2018 年 12 月，高岚河获批国家水利风景区。目前，集团计划再投资 2 亿元，完善景区基础设施配套和接待服务设施建设。

三　建设成效

高岚河水流量充足，水环境质量优良，是守护一河清水汇峡江、两岸葱绿簇乡土的重要保障。在建设高岚河水利风景区过程中，水的自然功能与经济功能出现新变化，绵绵不断的流水不仅滋养了环境，也赋予奇山灵气，使之成为旅游观光胜地；沿河修建的生态堰发挥了流量调节作用，蜿蜒曲折的河道形成天然的漂流道，景区被国家体育总局水上运动管理中心评为“中国自然水域漂流示范基地”“中国自然水域漂流之都”；被中国登山协会评为的“中国青少年登山运动训练基地”；被湖北省旅游局评为“网友最喜爱的湖北漂流品牌”“湖北省最受欢迎漂流景区”“湖北省最佳漂流景区”，获得荆楚地区“最刺激漂流奖”、华中旅游博览会“最佳表演奖”等。在朝天吼漂流持续高涨热度的带动下，溪谷飞索、汽车越野赛、露营基地、登山攀岩等户外运动项目相继建成投产，昔日的高岚河如今流淌出新财富。2018 年，高岚河水利风景区共接待漂流游客 28 万人，实现旅游综合收入 5500 万元，带动第三产业和周边村民收入近 1.2 亿元。

在高岚河水利风景区的龙头带动效应作用下，高岚村村民也尝到了旅游带来的红利。景区直接带动该村 300 多人就业，其中贫困户达 70%，带领 112 户贫困户 312 人率先脱贫出列，绿水青山成为助力县域经济发展、助推乡村振兴脱贫攻坚的绿色新引擎。高岚河水利风景区建设不仅为兴山增添了

图2　朝天吼漂流

一张亮丽的名片，也促进了一系列创建工作开花结果，高岚入选全国运动休闲特色小镇试点；安桥河村被纳入2019年湖北省美丽乡村建设试点村；兴山被国际小水电联合会评为国际小水电绿色发展示范基地。

初尝成果后，兴山县党委、政府更加坚定了建设水利风景区的信心，提出打造全域水利风景区。在持续建设和挖掘高岚河水利风景区的同时，南阳河、古夫河水利风景区创建工作也被纳入全县发展战略。品尝到“生态红利”甜头的群众对水资源保护有了新的认识，从过去的政府动员号召，变成群众自发行为，随意倾倒和堆放生活垃圾的现象消失了。现在，农户周边沟清渠通，河流两岸干净整洁。

四　基本经验

从全国来看，高岚河水利风景区虽符合国家标准，但各方面条件并不突出，为什么能被打造成独具特色的国家级水利风景区呢？总结其经验，有以下四点。

（一）建设管理双管齐下，做到“两条腿走路”

从2017年11月开始，兴山县以实际行动落实生态优先的原则，以香溪河大保护为核心，全面落实河湖长制，加大生态治理力度。高岚河水利风景区被纳入重点，沿河运行的37座水电站全部实施生态流量泄放，并安装在线监控监测设施，确保河道常年不断流；政府筹资近3000万元关闭香溪河沿岸生态保护区134家养殖企业或养殖场；全域开展码头综合整治，实施垃圾污水全收集全处理。兴发集团投资近9000万元整治矿山环境，开展绿色矿山创建；加强安全饮水工程建设，实现安全饮水全覆盖。

（二）小资金撬动大产业，实现“四两拨千斤”

在高岚水利风景区建设过程中，政府和企业发挥了主导作用，充分利用财政资金杠杆撬动了更多资本投入。政府打基础，水利部门治理河道，交通部门改造提升公路，供水供电供气通信等基础设施均得到有效保障；企业谋发展，兴发集团围绕生态旅游产业，以朝天吼漂流为旅游区核心产品，引爆了当地市场繁荣，吸引了当地村民以及社会各方共同参与。在旅游业发展带动下，当地农业、住宿、餐饮、交通运输等也呈现增长态势，成为助推县域经济高质量发展的新增长点。

（三）顺势而为改造自然，构建生态环境共同体

兴山县通过建设高岚河水利风景区，对高岚河的水资源进行了优化配置和科学调度，将一个个孤立的水利工程串联成有机协调的整体，使之从工程水利向资源水利转换，实现生态流量泄放，所有电站均按照不低于所在流域多年平均天然径流量的10%泄放生态流量，基本消除了水电站蓄水造成的河道断流等问题。源源不断的水流顺着曲折起伏的山势流淌，形成美丽的高岚生态飞瀑，晚上开闸发电，白天形成瀑布，成为高岚特色风景。充沛的水源让惊险刺激的朝天吼漂流成为全国最具影响力的漂流品牌。水利工程不仅自身与生态环境协调统 ，更是从总体上提高了水生态系统服务功能，更好地实现了人和自然和谐相处。

（四）坚持“共抓大保护”，共建和谐美丽家园

保护是为了更好的发展，没有水就不会有良好的生态环境。通过保护高

岚河的水生态、水环境，兴山县构建出高岚河水利风景区良好的生态环境，形成了良性发展。山水资源被盘活，发展旅游产业让当地老百姓有事干有钱赚，真正激活了其脱贫致富“造血功能”，也为建设美丽乡村打下坚实基础。建设高岚河水利风景区不仅推动旅游产业、水电产业蓬勃发展，增加地方税收，提供稳定就业岗位，同时也辐射带动了交通运输、餐饮住宿、农副产品等上下游配套发展。如今，火爆的农家乐、乡村民宿等让老百姓足不出户也能挣钱，真正实现了旅游发展和精准扶贫、美丽乡村建设有机融合，充分诠释了绿水青山就是金山银山的理念。

成功创建国家水利风景区不是终点，而是新一轮发展的起点，我们期待着兴山县按照规划高标准、高质量推进高岚河水利风景区建设，力争早日建成以山水景观为特色的全国一流水利风景区，并探索发挥水利资源更多功能和作用，释放更多经济红利。

<专家点评>

兴山县委、县政府以生态文明、美丽中国及“绿水青山就是金山银山”理念为指引，充分发挥当地山水资源优势，为吸引企业投资建设水利风景区做好服务。企业利用资金和技术优势，开发朝天吼水利风景区漂流，带动了房车露营地、国际汽车越野赛、青少年登山运动训练基地、户外拓展基地、摄影创作基地等旅游项目。水利部门在确保发挥水利功能的基础上，发挥水资源的综合功能，积极为企业开发漂流活动服务，调控水利工程晚上蓄水、白天泄水，确保漂流所需的水量。一年四季游客纷涌而至，不仅给景区带来了大量的游客，而且带动了景区周边的农家乐和乡村旅游发展，提高了农民的收入，为发展县域旅游经济做出了贡献。县委确立的“政府主导、部门主管、企业主办”的水利风景区创建管理体制，以创建水利风景区为突破口，加快水利水能设施综合利用与全域生态旅游融合发展的经验，值得向全国推广。

附　　录

Appendix

B.16

国家水利风景区名录*

序号	行政隶属	景区名录	批次
1	水利部(2)	黄河小浪底水利枢纽水利风景区	3
2		黄河万家寨水利枢纽水利风景区	3
3	北京(3)	昌平区十三陵水库水利风景区	1
4		怀柔区青龙峡水利风景区	2
5		门头沟区妙峰山水利风景区	9
6	天津(2)	北辰区北运河水利风景区	3
7		东丽区东丽湖水利风景区	3
8	河北(23)	秦皇岛市桃林口水库水利风景区	2
9		鹿泉市中山湖水利风景区	4
10		秦皇岛市燕塞湖水利风景区	4
11		衡水市衡水湖水利风景区	4
12		平山县沕沕水水利风景区	5
13		武安市京娘湖水利风景区	5
14		迁西县潘家口水利风景区	5

* 资料来源:由水利部景区办提供水利部公布的历年水利风景区名单。

续表

序号	行政隶属	景区名录	批次
15	河北(23)	邢台县前南峪生态水利风景区	6
16		邢台县凤凰湖水利风景区	6
17		承德市庙宫水库水利风景区	6
18		邯郸市东武仕水库水利风景区	6
19		迁安市滦河生态防洪水利风景区	7
20		沽源县闪电河水库水利风景区	9
21		丰宁县黄土梁水库水利风景区	10
22		魏县梨乡水城水利风景区	14
23		临漳邺城公园水利风景区	14
24		衡水滏阳河水利风景区	14
25		滦县滦河水利风景区	15
26		邢台七里河水利风景区	15
27		邢台紫金山水利风景区	16
28		保定易水湖水利风景区	16
29		邯郸广府古城水利风景区	17
30		张家口清水河水利风景区	18
31	山西(20)	太原市汾河二库水利风景区	2
32		忻州市汾源水利风景区	2
33		山西永济黄河蒲津渡水利风景区	4
34		太原市汾河水利风景区	5
35		阳泉市翠枫山水利风景区	8
36		平顺县太行水乡水利风景区	8
37		晋城市山里泉自然风光水利风景区	8
38		吕梁市柳林县昌盛水保示范园水利风景区	8
39		盂县藏山水利风景区	8
40		朔州市桑干河湿地水利风景区	8
41		宁武县暖泉沟水利风景区	12
42		汾河水库水利风景区	12
43		沁县北方水城水利风景区	12
44		长子县精卫湖水利风景区	12
45		繁峙县滹源水利风景区	13
46		原平滹沱河水利风景区	14
47		长治漳泽湖水利风景区	14
48		怀仁鹅毛河水利风景区	15
49		运城亳清河水利风景区	18
50		长治后湾水库水利风景区	18

续表

序号	行政隶属	景区名录	批次
51	内蒙古(30)	赤峰市红山湖水利风景区	4
52		赤峰市宁城县打虎石水利风景区	4
53		包头市石门水利风景区	4
54		鄂尔多斯市巴图湾水利风景区	4
55		巴彦淖尔市黄河三盛公水利风景区	5
56		兴安盟市察尔森水库水利风景区	5
57		赤峰市南山水土保持示范园水利风景区	6
58		赤峰市达理诺尔水利风景区	6
59		鄂尔多斯市杭锦旗七星湖沙漠水利风景区	6
60		赤峰市喀喇沁旗锦山水上公园水利风景区	6
61		呼和浩特市和林县前夭子水库水利风景区	7
62		兴安盟科右中旗翰嘎利水库水利风景区	7
63		鄂尔多斯市沙漠大峡谷水利风景区	7
64		赤峰市阿鲁科尔沁旗达哈拉湖水利风景区	8
65		赤峰市巴林左旗沙那水库水利风景区	8
66		呼和浩特市敕勒川(哈素海)水利风景区	8
67		锡林郭勒盟多伦县西山湾水利风景区	8
68		巴彦淖尔市二黄河水利风景区	9
69		牙克石市凤凰湖水利风景区	9
70		呼和浩特市白石水利风景区	10
71		鄂尔多斯市砒砂岩水利风景区	11
72		额济纳旗东居延海水利风景区	11
73		巴彦淖尔德岭山水库水利风景区	14
74		赤峰德日苏宝冷水库水利风景区	14
75		乌海市乌海湖水利风景区	16
76		巴彦淖尔狼山水库水利风景区	15
77		包头南海湿地水利风景区	17
78		鄂尔多斯马颤沟神龙寺水利风景区	17
79		乌兰浩特洮儿河水利风景区	18
80		巴彦淖尔乌加河水利风景区	18
81	辽宁(12)	本溪县关门山水利风景区	2
82		抚顺市大伙房水库水利风景区	2
83		大连市碧流河水利风景区	4
84		朝阳市大凌河水利风景区	5
85		沈阳市汤河水库水利风景区	5

续表

序号	行政隶属	景区名录	批次
86	辽宁(12)	抚顺县关山湖水利风景区	5
87		沈阳市浑河水利风景区	8
88		沈阳市蒲河水利风景区	12
89		喀左龙源湖水利风景区	16
90		铁岭凡河水利风景区	16
91		抚顺浑河城区水利风景区	18
92		兴隆台辽河鼎翔水利风景区	18
93	吉林(30)	长春市新立湖水利风景区	2
94		集安市鸭绿江水利风景区	2
95		磐石市黄河水库水利风景区	3
96		长春市石头口门水库水利风景区	3
97		通化市桃园湖水利风景区	4
98		舒兰市亮甲山水利风景区	4
99		长春市净月潭水库水利风景区	5
100		东辽县白泉镇聚龙潭水库水利风景区	5
101		松原市查干湖水利风景区	6
102		梅河口市磨盘湖水利风景区	7
103		延吉市布尔哈通河水利风景区	8
104		长白县十五道沟水利风景区	8
105		松原市龙坑水利风景区	9
106		吉林市松花江清水绿带水利风景区	9
107		白城市嫩水韵白水利风景区	11
108		四平市二龙湖水利风景区	11
109		沙河水库水利风景区	12
110		长岭县龙凤湖水利风景区	12
111		东辽县鴜鹭湖水利风景区	13
112		松原市哈达山水利风景区	13
113		和龙市龙门湖水利风景区	13
114		和龙图们江流域红旗河水利风景	14
115		松原沿江水利风景区	15
116		白城嫩江湾水利风景区	16
117		大安牛心套保水利风景区	16
118		永吉星星哨水利风景区	17
119		通榆向海水利风景区	17
120		临江鸭绿江水利风景区	17
121		吉林新安水库水利风景区	18
122		长春双阳湖水利风景区	18

续表

序号	行政隶属	景区名录	批次
123	黑龙江(32)	安达市红旗泡水库红湖水利风景区	1
124		五常市龙凤山水利风景区	3
125		五大连池市山口湖水利风景区	5
126		甘南县音河水库水利风景区	6
127		齐齐哈尔市劳动湖水利风景区	6
128		佳木斯市柳树岛水利风景区	6
129		鹤岗市鹤立湖水利风景区	7
130		密山市农垦兴凯湖第二泄洪闸水利风景区	7
131		齐齐哈尔市尼尔基水利风景区	7
132		哈尔滨市太阳岛水利风景区	8
133		密山市当壁镇兴凯湖水利风景区	8
134		哈尔滨市白鱼泡水利风景区	9
135		黑河市法别拉水利风景区	9
136		密山市青年水库水利风景区	9
137		孙吴县二门山水库水利风景区	9
138		伊春市红星湿地水利风景区	10
139		伊春市上甘岭水利风景区	10
140		伊春市卧龙湖水利风景区	10
141		伊春市乌伊岭水利风景区	10
142		伊春市新青湿地水利风景区	10
143		伊春市伊春河水利风景区	10
144		哈尔滨市西泉眼水利风景区	10
145		哈尔滨市呼兰富强水利风景区	11
146		哈尔滨市金河湾水利风景区	13
147		大庆市黑鱼湖水利风景区	13
148		鹤岗市清源湖水利风景区	13
149		兰西县河口水利风景区	13
150		伊春市滨水新区水利风景区	13
151		伊春回龙湾水利风景区	15
152		泰来泰湖水利风景区	15
153		哈尔滨长寿湖水利风景区	17
154		呼兰河口水利风景区	17

续表

序号	行政隶属	景区名录	批次
155	上海(4)	松江区松江生态水利风景区	3
156		青浦区淀山湖水利风景区	6
157		海湾区碧海金沙水利风景区	7
158		浦东新区滴水湖水利风景区	9
159	江苏(63)	溧阳市天目湖旅游度假水利风景区	1
160		江都区水利枢纽水利风景区	1
161		徐州市云龙湖水利风景区	2
162		扬州市瓜洲古渡水利风景区	2
163		淮安市三河闸水利风景区	3
164		泰州市引江河水利风景区	3
165		苏州市胥口水利风景区	4
166		淮安市水利枢纽水利风景区	4
167		淮安市古运河水利风景区	5
168		盐城市通榆河枢纽水利风景区	5
169		姜堰区溱湖水利风景区	5
170		南京市金牛湖水利风景区	6
171		宜兴市横山水库水利风景区	6
172		无锡市梅梁湖水利风景区	7
173		泰州市凤凰河水利风景区	7
174		南京市外秦淮河水利风景区	8
175		宿迁市中运河水利风景区	8
176		徐州市故黄河水利风景区	9
177		太仓市金仓湖水利风景区	9
178		南京市珍珠泉水利风景区	9
179		南京市天生桥河水利风景区	9
180		邳州市艾山九龙水利风景区	10
181		赣榆区小塔山水库水利风景区	10
182		淮安市樱花园水利风景区	11
183		如皋市龙游水利风景区	11
184		吴江区太湖浦江源水利风景区	11
185		无锡市长广溪湿地水利风景区	12
186		连云港市花果山大圣湖水利风景区	12
187		宝应县宝应湖湿地水利风景区	12
188		盐城市大纵湖水利风景区	12

续表

序号	行政隶属	景区名录	批次
189	江苏(63)	泗阳县泗水河水利风景区	12
190		盱眙县天泉湖水利风景区	12
191		淮安市清晏园水利风景区	12
192		淮安市古淮河水利风景区	12
193		苏州市旺山水利风景区	13
194		张家港市环城河水利风景区	13
195		扬州市凤凰岛水利风景区	13
196		徐州潘安湖水利风景区	13
197		徐州市金龙湖水利风景区	13
198		连云港市海陵湖水利风景区	13
199		金坛愚池湾水利风景区	14
200		昆山明镜荡水利风景区	14
201		镇江金山湖水利风景区	14
202		无锡新区梁鸿水利风景区	14
203		宿迁宿城古黄河水利风景区	14
204		溧阳南山竹海水利风景区	14
205		阜宁金沙湖水利风景区	15
206		宿迁六塘河水利风景区	15
207		徐州丁万河水利风景区	15
208		江阴芙蓉湖水利风景区	15
209		金湖荷花荡水利风景区	15
210		扬州古运河水利风景区	16
211		南京玄武湖水利风景区	16
212		句容赤山湖水利风景区	16
213		宜兴竹海水利风景区	16
214		常州雁荡河水利风景区	16
215		骆马湖嶂山水利风景区	16
216		泰州凤城河水利风景区	17
217		宜兴华东百畅水利风景区	17
218		涟水五岛湖水利风景区	17
219		常州青龙潭水利风景区	18
220		泰州千垛水利风景区	18
221		徐州大沙河水利风景区	18

续表

序号	行政隶属	景区名录	批次
222	浙江(36)	宁波市宁海县天河生态水利风景区	1
223		海宁市钱江潮韵度假村水利风景区	1
224		奉化区亭下湖水利风景区	1
225		湖州市太湖水利风景区	2
226		湖州市安吉县天赋水利风景区	2
227		慈溪市杭州湾水利风景区	2
228		江山市峡里湖水利风景区	3
229		新昌县沃洲湖水利风景区	3
230		绍兴市环城河水利风景区	3
231		江山市月亮湖水利风景区	4
232		余姚市姚江水利风景区	5
233		台州市天台山龙穿峡水利风景区	5
234		绍兴市浙东古运河绍兴运河园水利风景区	7
235		安吉县江南天池水利风景区	7
236		上虞区曹娥江城防水利风景区	8
237		台州市玉环市玉环水利风景区	8
238		丽水市南明湖及生态河川水利风景区	9
239		安吉县老石坎水库水利风景区	9
240		绍兴市曹娥江大闸水利风景区	10
241		天台县琼台仙谷水利风景区	10
242		衢州市乌溪江水利风景区	10
243		富阳区富春江水利风景区	10
244		衢州市信安湖水利风景区	11
245		遂昌县十八里翠水利风景区	12
246		桐庐县富春江水利风景区	13
247		松阳县松阴溪水利风景区	13
248		景宁畲族自治县畲乡绿廊水利风景区	15
249		宁波东钱湖水利风景区	16
250		乐清中雁荡山水利风景区	16
251		永嘉黄檀溪水利风景区	16
252		湖州吴兴太湖溇港水利风景区	17
253		云和梯田水利风景区	17
254		金华浦阳江水利风景区	17
255		金华浙中大峡谷水利风景区	18
256		衢州马金溪水利风景区	18
257		嘉兴海盐鱼鳞海塘水利风景区	18

续表

序号	行政隶属	景区名录	批次
258	安徽(43)	六安市龙河口(万佛湖)水利风景区	1
259		黄山市太平湖水利风景区	1
260		六安市佛子岭水库水利风景区	3
261		蚌埠市龙子湖水利风景区	3
262		金寨县梅山水库水利风景区	4
263		六安市响洪甸水库水利风景区	4
264		太湖县花亭湖水利风景区	4
265		蚌埠市淮河蚌埠闸枢纽水利风景区	4
266		宁国市青龙湾水利风景区	4
267		六安市横排头水利风景区	5
268		霍邱县水门塘水利风景区	6
269		宣城市广德县卢湖竹海风景区	7
270		泾县桃花潭水利风景区	8
271		黄山市歙县霸王山摇铃秀水水利风景区	9
272		凤台县茨淮新河水利风景区	9
273		霍邱县临淮岗工程水利风景区	9
274		亳州市白鹭洲水利风景区	9
275		阜南县王家坝水利风景区	10
276		淮南市焦岗湖水利风景区	10
277		郎溪县石佛山天子湖水利风景区	10
278		黄山市石门水利风景区	10
279		芜湖市滨江水利风景区	11
280		六安市淠河水利风景区	11
281		岳西县天峡水利风景区	12
282		来安县白鹭岛水利风景区	12
283		全椒襄河水利风景区	14
284		岳西大别山彩虹瀑布水利风景区	14
285		颍上八里河水利风景区	14
286		肥东岱山湖水利风景区	14
287		合肥滨湖水利风景区	15
288		六安悠然蓝溪水利风景区	15
289		休宁横江水利风景区	15
290		池州九华天池水利风景区	15
291		望江古雷池水利风景区	15
292		黟县宏村·奇墅湖水利风景区	16

续表

序号	行政隶属	景区名录	批次
293	安徽(43)	宿州新汴河水利风景区	16
294		芜湖陶辛水韵水利风景区	16
295		池州杏花村水利风景区	16
296		金寨燕子河大峡谷水利风景区	16
297		肥西三河水利风景区	17
298		南陵大浦水利风景区	17
299		祁门牯牛降水利风景区	17
300		铜陵天井湖水利风景区	18
301	福建(37)	福清市东张水库石竹湖水利风景区	1
302		仙游县九鲤湖水利风景区	2
303		南平市延平湖水利风景区	5
304		永安市桃源洞水利风景区	6
305		永泰县天门山水利风景区	6
306		德化县岱仙湖水利风景区	8
307		尤溪县闽湖水利风景区	9
308		龙岩市梅花湖水利风景区	9
309		华安县九龙江水利风景区	11
310		永定区龙湖水利风景区	11
311		漳平市九鹏溪水利风景区	12
312		泉州市山美水库水利风景区	13
313		漳州开发区南太武新港城水利风景区	13
314		莆田市木兰陂水利风景区	13
315		三明市泰宁水利风景区	13
316		顺昌县华阳山水利风景区	13
317		武夷山市东湖水利风景区	13
318		南靖土楼水乡水利风景区	14
319		邵武云灵山水利风景区	14
320		宁德东湖水利风景区	14
321		泉州金鸡拦河闸水利风景区	14
322		连城冠豸山水利风景区	15
323		永春桃溪水利风景区	15
324		邵武天成奇峡水利风景区	15
325		厦门天竺山水利风景区	15
326		柘荣青岚湖水利风景区	15
327		漳平台湾农民创业园水利风景区	15

续表

序号	行政隶属	景区名录	批次
328	福建(37)	莆田九龙谷水利风景区	16
329		武平梁野山云礤溪水利风景区	16
330		宁德洋中水利风景区	16
331		永春晋江源水利风景区	16
332		长汀水土保持科教园水利风景区	17
333		宁德水韵九都水利风景区	17
334		霞浦杨家溪水利风景区	17
335		寿宁西浦水利风景区	18
336		宁德霍童水利风景区	18
337		泉州龙门湖水利风景区	18
338	江西(44)	宜春市上游湖水利风景区	3
339		景德镇市玉田湖水利风景区	3
340		贵溪市白鹤湖水利风景区	4
341		井冈山市井冈湖水利风景区	4
342		南丰县潭湖水利风景区	4
343		乐平市翠平湖水利风景区	4
344		南城县麻源三谷水利风景区	4
345		泰和县白鹭湖水利风景区	4
346		宜春市飞剑潭水利风景区	4
347		上饶市枫泽湖水利风景区	5
348		赣州市三江水利风景区	5
349		铜鼓县九龙湖水利风景区	6
350		安福县武功湖水利风景区	6
351		景德镇市月亮湖水利风景区	7
352		九江市都昌县张岭水库水利风景区	9
353		萍乡市明月湖水利风景区	9
354		会昌县汉仙湖水利风景区	10
355		南昌市赣抚平原灌区水利风景区	10
356		庐山市庐湖水利风景区	10
357		宜丰县渊明湖水利风景区	11
358		新建区梦山水库水利风景区	11
359		新建区溪霞水库水利风景区	11
360		武宁县武陵岩桃源水利风景区	12
361		九江市庐山西海水利风景区	13
362		万年县群英水库水利风景区	13

续表

序号	行政隶属	景区名录	批次
363	江西(44)	玉山县三清湖水利风景区	13
364		广丰区铜钹山九仙湖水利风景区	13
365		弋阳龟峰湖水利风景区	14
366		德兴凤凰湖水利风景区	14
367		宁都赣江源水利风景区	14
368		新干黄泥埠水库水利风景区	14
369		吉安螺滩水利风景区	14
370		武宁西海湾水利风景区	15
371		德安江西水保生态科技园水利风景区	15
372		瑞金陈石湖水利风景区	15
373		南城醉仙湖水利风景区	15
374		吉安青原禅溪水利风景区	16
375		弋阳龙门湖水利风景区	16
376		石城琴江水利风景区	17
377		崇义客家梯田水利风景区	17
378		德兴大茅山双溪湖水利风景区	17
379		宜春恒晖水利风景区	18
380		抚州大觉山水利风景区	18
381		吉安峡江水利枢纽水利风景区	18
382	山东(105)	临沂市沂蒙湖水利风景区	1
383		东营市天鹅湖水利风景区	2
384		聊城市江北水城风景区	3
385		济南百里黄河水利风景区	3
386		德州市漳卫南运河水利风景区	4
387		诸城市潍河水利风景区	5
388		泰安市天平湖水上公园水利风景区	5
389		昌乐县仙月湖风光水利风景区	5
390		东营市清风湖水利风景区	5
391		安丘市汶河水利风景区	6
392		寿光市弥河水利风景区	6
393		滨州市中海水利风景区	6
394		广饶县孙武湖水利风景区	7
395		东阿县洛神湖水利风景区	7
396		胶州市三里河公园水利风景区	7
397		淄博市峨庄水土保持生态水利风景区	7

续表

序号	行政隶属	景区名录	批次
398		枣庄市抱犊崮龟蛇湖水利风景区	7
399		海阳市东村河水利风景区	7
400		莱西市莱西湖水利风景区	7
401		山东淄博黄河水利风景区	7
402		潍坊市峡山湖水利风景区	8
403		昌邑市潍河水利风景区	8
404		滕州市微山湖湿地红荷水利风景区	8
405		桓台县马踏湖水利风景区	8
406		高唐县鱼丘湖水利风景区	8
407		枣庄市岩马湖水利风景区	8
408		肥城市康王河公园水利风景区	8
409		潍坊市白浪河水利风景区	9
410		枣庄市台儿庄运河水利风景区	9
411		淄博市太公湖水利风景区	9
412		沾化区秦口河水利风景区	9
413		临朐县淌水崖水库水利风景区	9
414		高青县千乘湖水利风景区	9
415	山东（105）	高密市胶河水利风景区	9
416		新泰市青云湖水利风景区	9
417		山东滨州黄河水利风景区	9
418		潍坊市浞河水利风景区	10
419		文登区抱龙河水利风景区	10
420		胶州市少海水利风景区	10
421		莱芜市雪野湖水利风景区	10
422		泰安市天颐湖水利风景区	10
423		东平县东平湖水利风景区	10
424		菏泽市赵王河水利风景区	10
425		滨州市三河湖水利风景区	10
426		莒南县天马岛水利风景区	10
427		滨州市小开河灌区水利风景区	10
428		沂源县沂河源水利风景区	10
429		东阿黄河水利风景区	10
430		德州黄河水利风景区	10
431		垦利区黄河口水利风景区	10
432		淄博市五阳湖水利风景区	11

续表

序号	行政隶属	景区名录	批次
433	山东(105)	青州市仁河水库水利风景区	11
434		临朐县沂山东镇湖水利风景区	11
435		莱阳市五龙河水利风景区	11
436		乳山市岠嵎湖水利风景区	11
437		沂南县竹泉水利风景区	11
438		单县浮龙湖水利风景区	11
439		惠民县古城河水利风景区	11
440		无棣县黄河岛水利风景区	11
441		山东邹平黄河水利风景区	11
442		山东菏泽黄河水利风景区	11
443		龙口市王屋水库水利风景区	12
444		栖霞市长春湖水利风景区	12
445		泗水县万紫千红水利风景区	12
446		乳山市大乳山水利风景区	12
447		邹平县黛溪河水利风景区	12
448		利津县黄河生态水利风景区	12
449		招远市金都龙王湖水利风景区	13
450		沾化区徒骇河思源湖水利风景区	13
451		夏津县黄河故道水利风景区	13
452		博兴县打渔张引黄灌区水利风景区	13
453		章丘区绣源河水利风景区	13
454		济南市长清湖水利风景区	13
455		微山县微山湖水利风景区	13
456		枣庄市城河水利风景区	13
457		沂河刘家道口枢纽水利风景区	13
458		曲阜沂河水利风景区	14
459		济宁蓼河水利风景区	14
460		青州弥河水利风景区	14
461		单县东沟河绿色生态长廊水利风景区	14
462		茌平金牛湖水利风景区	14
463		滨州秦皇河水利风景区	14
464		寿光洰淀湖水利风景区	14
465		烟台芝罘大沽夹河水利风景区	14
466		禹城大禹文化水利风景区	14
467		巨野洙水河水利风景区	14

续表

序号	行政隶属	景区名录	批次
468	山东(105)	烟台牟平沁水河水利风景区	14
469		滨州韩墩引黄灌区水利风景区	14
470		临朐弥河水利风景区	15
471		邹平樱花山水利风景区	15
472		金乡金水湖水利风景区	15
473		聊城莲湖水利风景区	15
474		泰安徂徕山汶河水利风景区	15
475		夏津九龙口湿地水利风景区	15
476		任城南池水利风景区	15
477		肥城龙山河水利风景区	15
478		菏泽成武文亭湖水利风景区	15
479		莒南鸡龙河水利风景区	16
480		金乡羊山湖水利风景区	16
481		禹城徒骇河水利风景区	16
482		莒县沭河水利风景区	17
483		青州阳河水利风景区	17
484		沂水县沂河水利风景区	17
485		德州大清河水利风景区	18
486		临沂沂沭河水利风景区	18
487	河南(54)	信阳市南湾湖水利风景区	1
488		驻马店市薄山湖水利风景区	1
489		舞钢市石漫滩水库水利风景区	1
490		修武县云台山水利风景区	2
491		平顶山市昭平湖水利风景区	2
492		焦作市群英湖水利风景区	2
493		黄河三门峡大坝水利风景区	2
494		河南黄河花园口水利风景区	2
495		焦作市博爱青天河水利风景区	3
496		灵宝市窄口水库水利风景区	3
497		林州市红旗渠水利风景区	4
498		驻马店市铜山湖水利风景区	4
499		信阳市香山湖水利风景区	4
500		商城县鲇鱼山水库水利风景区	4
501		开封黄河柳园口水利风景区	4
502		西峡县石门湖水利风景区	5

续表

序号	行政隶属	景区名录	批次
503	河南(54)	光山县龙山水库水利风景区	5
504		许昌市白沙水库水利风景区	5
505		濮阳黄河水利风景区	5
506		方城县望花湖水利风景区	6
507		安阳市彰武南海水库水利风景区	6
508		范县黄河水利风景区	6
509		卫辉市沧河水利风景区	7
510		驻马店市宿鸭湖水利风景区	7
511		信阳市光山县泼河水利风景区	7
512		河南台前县将军渡黄河风景区	7
513		洛阳市陆浑湖水利风景区	8
514		河南孟州黄河开仪水利风景区	8
515		漯河市沙澧河水利风景区	9
516		南阳市龙王沟水利风景区	9
517		信阳市北湖水利风景区	9
518		商丘市黄河故道湿地水利风景区	10
519		南阳市鸭河口水库水利风景区	10
520		郑州市黄河生态水利风景区	11
521		柘城县容湖水利风景区	11
522		河南故县洛宁西子湖水利风景区	11
523		商丘市商丘古城水利风景区	12
524		驻马店市板桥水库水利风景区	12
525		禹州市颍河水利风景区	13
526		武陟嘉应观黄河水利风景区	14
527		永城沱河日月湖水利风景区	14
528		淮阳龙湖水利风景区	14
529		民权黄河故道水利风景区	14
530		洛阳孟津黄河水利风景区	14
531		睢县北湖生态水利风景区	15
532		许昌曹魏故都水利风景区	16
533		虞城响河水利风景区	16
534		荥阳古柏渡南水北调穿黄水利风景区	17
535		林州太行平湖水利风景区	17
536		南乐西湖生态水利风景区	17
537		长垣黄河水利风景区	17
538		济源沁龙峡水利风景区	18
539		许昌鹤鸣湖水利风景区	18
540		郑州龙湖水利风景区	18

续表

序号	行政隶属	景区名录	批次
541	湖北(28)	荆门市漳河水利风景区	2
542		恩施市龙麟宫水利风景区	3
543		京山县惠亭湖水利风景区	4
544		襄阳市三道河水镜湖水利风景区	5
545		钟祥市温峡湖水利风景区	6
546		丹江口市松涛水利风景区	6
547		荆州市洈水水利风景区	7
548		武汉市夏家寺水利风景区	7
549		武汉市江滩水利风景区	8
550		孝昌县观音湖水利风景区	9
551		罗田县天堂湖水利风景区	9
552		英山县毕升湖水利风景区	10
553		通山县富水湖水利风景区	11
554		长阳土家族自治县清江水利风景区	12
555		丹江口大坝水利风景区	13
556		麻城浮桥河水利风景区	14
557		郧西天河水利风景区	15
558		荆州北闸水利风景区	15
559		黄冈白莲河水利风景区	16
560		宜昌百里荒水利风景区	16
561		麻城明山水利风景区	16
562		武汉金银湖水利风景区	17
563		蕲春大同水库水利风景区	17
564		武穴梅川水库水利风景区	17
565		陆水水库水利风景区	17
566		潜江田关岛水利风景区	18
567		宜昌高岚河水利风景区	18
568		十堰太和梅花谷水利风景区	18
569	湖南(42)	张家界市溇江水利风景区	2
570		娄底市水府水利风景区	2
571		怀化市九龙潭大峡谷水利风景区	3
572		衡阳市衡东洣水水利风景区	4
573		长沙市湘江水利风景区	4
574		攸县酒埠江水利风景区	4
575		益阳市鱼形山水利风景区	5

续表

序号	行政隶属	景区名录	批次
576	湖南(42)	永兴县便江水利风景区	5
577		长沙市千龙湖水利风景区	5
578		湘西土家族苗族自治州大龙洞水利风景区	6
579		双牌县阳明山水利风景区	6
580		怀化市五龙溪水利风景区	7
581		长沙市皂市水利风景区	8
582		衡山县九观湖水利风景区	8
583		凤凰县长潭岗水利风景区	8
584		衡阳县织女湖水利风景区	8
585		长沙市宁乡市黄材水库水利风景区	9
586		新化县紫鹊界水利风景区	9
587		韶山市青年水库水利风景区	9
588		衡阳县斜陂堰水库水利风景区	9
589		花垣县花垣边城水利风景区	10
590		耒阳市蔡伦竹海水利风景区	11
591		澧县王家厂水利风景区	12
592		辰溪县燕子洞水利风景区	12
593		常德市柳叶湖水利风景区	13
594		益阳市皇家湖水利风景区	13
595		江华瑶族自治县潇湘源水利风景区	13
596		湘潭韶山灌区水利风景区	14
597		汉寿清水湖水利风景区	14
598		资兴东江湖水利风景区	15
599		江永千家峒水利风景区	15
600		永兴青山垅－龙潭水利风景区	15
601		蓝山湘江源水利风景区	15
602		望城半岛水利风景区	16
603		汝城热水河水利风景区	16
604		郴州四清湖水利风景区	16
605		涟源杨家滩水利风景区	16
606		芷江侗族自治县和平湖水利风景区	17
607		长沙洋湖湿地水利风景区	17
608		祁阳浯溪水利风景区	17
609		株洲湘江风光带水利风景区	18
610		永州金洞白水河水利风景区	18

续表

序号	行政隶属	景区名录	批次
611	广东(14)	清远市飞来峡水利枢纽水利风景区	1
612		茂名市玉湖水利风景区	4
613		茂名市小良水土保持水利风景区	4
614		惠州市白盆湖水利风景区	5
615		梅州市洞天湖水利风景区	7
616		五华县益塘水库水利风景区	9
617		连州市湟川三峡水利风景区	10
618		增城区增江画廊水利风景区	11
619		仁化县丹霞源水利风景区	13
620		珠海竹洲水乡水利风景区	14
621		广州白云湖水利风景区	15
622		湛江鹤地银湖水利风景区	16
623		广州花都湖水利风景区	16
624		佛山乐从水利风景区	18
625	广西(13)	百色市澄碧河水利风景区	2
626		北海市洪潮江水利风景区	2
627		南宁市大王滩水利风景区	2
628		南宁市天雹水库水利风景区	4
629		德保县鉴河水利风景区	11
630		鹿寨县月岛湖水利风景区	12
631		南丹县地下大峡谷水利风景区	13
632		柳城县融江河谷水利风景区	13
633		象州县象江水利风景区	13
634		靖西龙潭鹅泉水利风景区	14
635		都安澄江水利风景区	16
636		桂林灵渠水利风景区	17
637		隆林万峰湖水利风景区	17
638	海南(5)	儋州市松涛水库水利风景区	2
639		定安县南丽湖水利风景区	6
640		琼海合水水库水利风景区	14
641		保亭毛真水库水利风景区	16
642		海口美舍河水利风景区	17

续表

序号	行政隶属	景区名录	批次
643	重庆(15)	大足区龙水湖水利风景区	4
644		江津区清溪沟水利风景区	9
645		璧山区大沟水库水利风景区	9
646		合川区双龙湖水利风景区	9
647		黔江区小南海水利风景区	9
648		武隆区山虎关水库水利风景区	9
649		潼南区从刊水库水利风景区	10
650		石柱县龙河水利风景区	10
651		南岸区南滨路水利风景区	11
652		永川区勤俭水库水利风景区	12
653		开县汉丰湖水利风景区	12
654		璧山璧南河水利风景区	14
655		武隆阳水河水利风景区	15
656		荣昌荣峰河水利风景区	16
657		丰都龙河谷水利风景区	17
658	四川(42)	绵阳市仙海水利风景区	2
659		三台县鲁班湖水利风景区	5
660		绵阳市安县白水湖水利风景区	5
661		自贡市双溪湖水利风景区	5
662		自贡市尖山水利风景区	6
663		盐源县凉山州泸沽湖水利风景区	6
664		巴中市平昌县江口水乡水利风景区	8
665		蓬安县大深南海水利风景区	11
666		都江堰水利风景区	13
667		汶川县水墨藏寨水利风景区	13
668		绵阳市涪江六峡水利风景区	13
669		眉山市黑龙滩水利风景区	13
670		隆昌市古宇庙水库水利风景区	13
671		南充市升钟湖水利风景区	13
672		苍溪县白鹭湖水利风景区	13
673		西充县青龙湖水利风景区	13
674		遂宁市琼江源水利风景区	13
675		乐山大渡河金口大峡谷水利风景区	14
676		峨边大小杜鹃池水利风景区	14
677		犍为桫椤湖水利风景区	14

续表

序号	行政隶属	景区名录	批次
678	四川(42)	蓬安嘉陵第一桑梓水利风景区	14
679		阆中金沙湖水利风景区	14
680		青川青竹江水利风景区	14
681		武胜太极湖水利风景区	14
682		金口河大瓦山五池水利风景区	14
683		大竹百岛湖水利风景区	15
684		开江宝石桥水库水利风景区	15
685		雅安飞仙湖水利风景区	15
686		内江黄鹤湖水利风景区	15
687		巴中化湖水利风景区	15
688		广安白云湖水利风景区	15
689		西昌邛海水利风景区	16
690		泸州张坝水利风景区	16
691		壤塘则曲河水利风景区	16
692		南部红岩子湖水利风景区	16
693		广安华蓥山天池湖水利风景区	16
694		雅安陇西河上里古镇水利风景区	17
695		南江玉湖水利风景区	17
696		遂宁观音湖水利风景区	17
697		凉山安宁湖水利风景区	18
698		广安天意谷水利风景区	18
699		巴中柳津湖水利风景区	18
700	贵州(34)	镇远县舞阳河水利风景区	1
701		毕节市织金恐龙湖水利风景区	1
702		岑巩县龙鳌河水利风景区	2
703		贞丰县三岔河水利风景区	2
704		黄平县舞阳湖水利风景区	2
705		长顺县杜鹃湖水利风景区	2
706		毕节市天河水利风景区	3
707		贵阳市松柏山水利风景区	4
708		龙里市生态科技示范园水利风景区	4
709		贵阳市金茫林海水利风景区	7
710		六盘水市明湖水利风景区	11
711		关岭布依族苗族自治县木城河水利风景区	11
712		遵义市大板水水利风景区	11

续表

序号	行政隶属	景区名录	批次
713	贵州(34)	贵阳市永乐湖水利风景区	11
714		沿河土家族自治县乌江山峡水利风景区	11
715		罗甸县高原千岛湖水利风景区	11
716		惠水县涟江水利风景区	12
717		剑河县仰阿莎湖水利风景区	12
718		铜仁市锦江水利风景区	12
719		施秉县舞阳河水利风景区	13
720		织金县织金关水利风景区	13
721		龙里莲花水利风景区	14
722		锦屏三江水利风景区	15
723		思南乌江水利风景区	15
724		绥阳双门峡水利风景区	15
725		大方奢香九驿水利风景区	15
726		威宁草海水利风景区	16
727		开阳清龙河水利风景区	16
728		凯里清水江水利风景区	17
729		福泉洒金谷水利风景区	17
730		贵定金海雪山水利风景区	17
731		铜仁白岩河水利风景区	18
732		遵义茅台渡水利风景区	18
733		黔南州雍江水利风景区	18
734	云南(23)	曲靖市珠江源水利风景区	2
735		泸西县五者温泉水利风景区	2
736		普洱市梅子湖水利风景区	3
737		建水县绵羊冲水利风景区	5
738		景谷傣族彝族自治县昔木水库水利风景区	5
739		泸西县阿拉湖水利风景区	5
740		芒市孔雀湖水利风景区	5
741		普洱市西盟县勐梭龙潭水利风景区	6
742		保山市北庙湖水利风景区	6
743		洱源县茈碧湖水利风景区	7
744		泸西县阿庐湖水利风景区	9
745		丘北县摆龙湖水利风景区	9
746		普洱市洗马河水利风景区	10
747		丽江市玉龙县拉市海水利风景区	11

续表

序号	行政隶属	景区名录	批次
748	云南(23)	文山市君龙湖水利风景区	12
749		祥云县青海湖水利风景区	13
750		宜良九乡明月湖水利风景区	15
751		临沧冰岛水利风景区	15
752		双柏查姆湖水利风景区	17
753		丘北纳龙湖水利风景区	17
754		丽江鲤鱼河水利风景区	18
755		大姚蜻蛉湖水利风景区	18
756		楚雄州青山湖水利风景区	18
757	西藏(3)	林芝市措木及日湖水利风景区	10
758		乃东区雅砻河谷水利风景区	13
759		拉萨市拉萨河水利风景区	16
760	陕西(42)	铜川市锦阳湖水利风景区	2
761		汉中市石门水利风景区	2
762		渭南市黄河魂水利风景区	3
763		安康市瀛湖水利风景区	4
764		汉中市南郑区红寺湖水利风景区	4
765		渭南市友谊湖休闲度假山庄水利风景区	5
766		西安市霸柳生态综合开发园水利风景区	5
767		商洛市丹江公园水利风景区	6
768		潼关县金三角黄河水利风景区	6
769		汉中市城固县南沙湖水利风景区	7
770		咸阳市郑国渠水利风景区	8
771		丹凤县龙驹寨水利风景区	9
772		凤县嘉陵江源水利风景区	9
773		宝鸡市千湖水利风景区	10
774		西安市汉城湖水利风景区	10
775		宝鸡市渭水之央水利风景区	11
776		商南县金丝大峡谷水利风景区	11
777		太白县黄柏塬水利风景区	12
778		西安市翠华山水利风景区	12
779		西安市灞桥湿地水利风景区	12
780		宜川县黄河壶口瀑布水利风景区	13
781		神木市红碱淖水利风景区	13
782		鄠邑区金龙峡水利风景区	14

续表

序号	行政隶属	景区名录	批次
783	陕西(42)	太白青峰峡水利风景区	14
784		合阳洽川水利风景区	14
785		丹凤桃花谷水利风景区	14
786		柞水乾佑河源水利风景区	14
787		西安世博园水利风景区	14
788		岐山岐渭水利风景区	14
789		汉阴凤堰古梯田水利风景区	14
790		宝鸡太白山水利风景区	15
791		沣东沣河水利风景区	15
792		渭南卤阳湖水利风景区	15
793		眉县霸渭关中文化水利风景区	16
794		岚皋千层河水利风景区	16
795		米脂高西沟水利风景区	16
796		延川乾坤湾水利风景区	17
797		西安渭河生态水利风景区	17
798		镇坪飞渡峡水利风景区	17
799		安康任河水利风景区	18
800		西安曲江池·大唐芙蓉园水利风景区	18
801		西安护城河水利风景区	18
802	甘肃(29)	酒泉市金塔县鸳鸯池水库水利风景区	2
803		武威市凉州天梯山水利风景区	3
804		平凉市崆峒水库水利风景区	3
805		酒泉市赤金峡水利风景区	4
806		高台县大湖湾水利风景区	4
807		庄浪县竹林寺水库水利风景区	4
808		泾川县田家沟水利风景区	4
809		嘉峪关禹苑水利风景区	5
810		瓜州县瓜州苑水利风景区	5
811		临泽县双泉湖水利风景区	6
812		张掖市二坝湖水利风景区	6
813		张掖市大野口水库水利风景区	7
814		张掖市临泽县平川水库水利风景区	8
815		陇南市西河县晚霞湖水利风景区	8
816		山丹县李桥水库水利风景区	9
817		阿克塞县金山湖水利风景区	9

续表

序号	行政隶属	景区名录	批次
818	甘肃(29)	迭部县白龙江腊子口水利风景区	10
819		临潭县冶力关水利风景区	10
820		民勤县红崖山水库水利风景区	11
821		敦煌市党河风情线水利风景区	11
822		甘肃庆阳南小河沟水利风景区	11
823		玛曲县黄河首曲水利风景区	12
824		康县阳坝水利风景区	13
825		卓尼县洮河水利风景区	13
826		两当云屏河水利风景区	14
827		崇信龙泽湖水利风景区	14
828		肃南降畅河风情线水利风景区	16
829		庆阳市庆阳湖水利风景区	16
830		景电水利风景区	17
831	青海(13)	互助土族自治县南门峡水库水利风景区	5
832		西宁市长岭沟水利风景区	5
833		黄南藏族自治州黄河走廊水利风景区	7
834		大通县黑泉水库水利风景区	8
835		循化县孟达天池水利风景区	8
836		互助县北山水利风景区	9
837		久治县年保玉则水利风景区	10
838		民和县三川黄河水利风景区	10
839		玛多县黄河源水利风景区	11
840		囊谦县澜沧江水利风景区	13
841		海西州巴音河水利风景区	13
842		乌兰县金子海水利风景区	13
843		玉树通天河水利风景区	16
844	宁夏(12)	青铜峡市唐徕闸水利风景区	4
845		中卫市沙坡头水利风景区	5
846		银川市艾依河水利风景区	6
847		石嘴山市星海湖水利风景区	7
848		灵武市鸭子荡水利风景区	10
849		石嘴山市沙湖水利风景区	11
850		中卫市腾格里湿地水利风景区	11
851		彭阳县茹河水利风景区	12
852		隆德县清流河水利风景区	13
853		银川市鸣翠湖水利风景区	13
854		彭阳阳洼流域水利风景区	16
855		银川黄河横城水利风景区	17

续表

序号	行政隶属	景区名录	批次
856	新疆(13)	拜城县克孜尔水库水利风景区	4
857		巴音郭楞州西海湾明珠水利风景区	4
858		伊犁州喀什河流域龙口水利风景区	5
859		和田市乌鲁瓦提水利风景区	5
860		吐鲁番市坎儿井水利风景区	6
861		塔城市喀浪古尔水利风景区	7
862		玛纳斯县石门子水库水利风景区	8
863		沙湾县千泉湖水利风景区	10
864		天山天池水利风景区	11
865		巩留县库尔德宁水利风景区	13
866		岳普湖县达瓦昆沙漠水利风景区	13
867		巩留县野核桃沟水利风景区	13
868		喀什吐曼河水利风景区	18
869	新疆兵团(10)	农八师石河子市北湖水利风景区	1
870		五家渠市青格达湖水利风景区	3
871		喀什市西海湾水库水利风景区	3
872		阿拉尔市塔里木多浪湖水利风景区	4
873		阿克苏市千鸟湖水利风景区	4
874		奎屯市双湖水利风景区	4
875		石河子市巴音山庄水利风景区	5
876		石河子市桃源水利风景区	5
877		阿拉尔市塔里木祥龙湖水利风景区	5
878		北屯市福海县布伦托海西海水利风景区	6

皮 书

智库报告的主要形式
同一主题智库报告的聚合

皮书定义

皮书是对中国与世界发展状况和热点问题进行年度监测，以专业的角度、专家的视野和实证研究方法，针对某一领域或区域现状与发展态势展开分析和预测，具备前沿性、原创性、实证性、连续性、时效性等特点的公开出版物，由一系列权威研究报告组成。

皮书作者

皮书系列报告作者以国内外一流研究机构、知名高校等重点智库的研究人员为主，多为相关领域一流专家学者，他们的观点代表了当下学界对中国与世界的现实和未来最高水平的解读与分析。截至 2020 年，皮书研创机构有近千家，报告作者累计超过 7 万人。

皮书荣誉

皮书系列已成为社会科学文献出版社的著名图书品牌和中国社会科学院的知名学术品牌。2016 年皮书系列正式列入“十三五”国家重点出版规划项目；2013~2020 年，重点皮书列入中国社会科学院承担的国家哲学社会科学创新工程项目。

中国皮书网

（网址：www.pishu.cn）

发布皮书研创资讯，传播皮书精彩内容
引领皮书出版潮流，打造皮书服务平台

栏目设置

◆ 关于皮书

何谓皮书、皮书分类、皮书大事记、
皮书荣誉、皮书出版第一人、皮书编辑部

◆ 最新资讯

通知公告、新闻动态、媒体聚焦、
网站专题、视频直播、下载专区

◆ 皮书研创

皮书规范、皮书选题、皮书出版、
皮书研究、研创团队

◆ 皮书评奖评价

指标体系、皮书评价、皮书评奖

◆ 互动专区

皮书说、社科数托邦、皮书微博、留言板

所获荣誉

◆ 2008 年、2011 年、2014 年，中国皮书网均在全国新闻出版业网站荣誉评选中获得“最具商业价值网站”称号；

◆ 2012 年，获得“出版业网站百强”称号。

网库合一

2014年，中国皮书网与皮书数据库端口合一，实现资源共享。

权威报告·一手数据·特色资源

皮书数据库

ANNUAL REPORT(YEARBOOK) DATABASE

分析解读当下中国发展变迁的高端智库平台

所获荣誉

- 2019年，入围国家新闻出版署数字出版精品遴选推荐计划项目
- 2016年，入选“‘十三五’国家重点电子出版物出版规划骨干工程”
- 2015年，荣获“搜索中国正能量 点赞2015”“创新中国科技创新奖”
- 2013年，荣获“中国出版政府奖·网络出版物奖”提名奖
- 连续多年荣获中国数字出版博览会“数字出版·优秀品牌”奖

成为会员

通过网址www.pishu.com.cn访问皮书数据库网站或下载皮书数据库APP，进行手机号码验证或邮箱验证即可成为皮书数据库会员。

会员福利

- 已注册用户购书后可免费获赠100元皮书数据库充值卡。刮开充值卡涂层获取充值密码，登录并进入“会员中心”—“在线充值”—“充值卡充值”，充值成功即可购买和查看数据库内容。
- 会员福利最终解释权归社会科学文献出版社所有。

数据库服务热线：400-008-6695
数据库服务QQ：2475522410
数据库服务邮箱：database@ssap.cn
图书销售热线：010-59367070/7028
图书服务QQ：1265056568
图书服务邮箱：duzhe@ssap.cn

社会科学文献出版社 SOCIAL SCIENCES ACADEMIC PRESS (CHINA) 皮书系列
卡号：648859598718
密码：

S 基本子库
UB DATABASE

中国社会发展数据库（下设 12 个子库）

整合国内外中国社会发展研究成果，汇聚独家统计数据、深度分析报告，涉及社会、人口、政治、教育、法律等 12 个领域，为了解中国社会发展动态、跟踪社会核心热点、分析社会发展趋势提供一站式资源搜索和数据服务。

中国经济发展数据库（下设 12 个子库）

围绕国内外中国经济发展主题研究报告、学术资讯、基础数据等资料构建，内容涵盖宏观经济、农业经济、工业经济、产业经济等 12 个重点经济领域，为实时掌控经济运行态势、把握经济发展规律、洞察经济形势、进行经济决策提供参考和依据。

中国行业发展数据库（下设 17 个子库）

以中国国民经济行业分类为依据，覆盖金融业、旅游、医疗卫生、交通运输、能源矿产等 100 多个行业，跟踪分析国民经济相关行业市场运行状况和政策导向，汇集行业发展前沿资讯，为投资、从业及各种经济决策提供理论基础和实践指导。

中国区域发展数据库（下设 6 个子库）

对中国特定区域内的经济、社会、文化等领域现状与发展情况进行深度分析和预测，研究层级至县及县以下行政区，涉及地区、区域经济体、城市、农村等不同维度，为地方经济社会宏观态势研究、发展经验研究、案例分析提供数据服务。

中国文化传媒数据库（下设 18 个子库）

汇聚文化传媒领域专家观点、热点资讯，梳理国内外中国文化发展相关学术研究成果、一手统计数据，涵盖文化产业、新闻传播、电影娱乐、文学艺术、群众文化等 18 个重点研究领域。为文化传媒研究提供相关数据、研究报告和综合分析服务。

世界经济与国际关系数据库（下设 6 个子库）

立足“皮书系列”世界经济、国际关系相关学术资源，整合世界经济、国际政治、世界文化与科技、全球性问题、国际组织与国际法、区域研究 6 大领域研究成果，为世界经济与国际关系研究提供全方位数据分析，为决策和形势研判提供参考。